Zu diesem Buch

«Keiner, den ich bisher fragte, bestritt das altfranzösische Sprichwort: ‹Die Liebe ist das Kind der Freiheit›. Doch macht uns diese Freiheit angst. Sich wechselseitig freilassen und doch auf die Bindung vertrauen? Dazu fühlen wir uns zu unsicher. Wir unterstellen lieber, Bindung sei wechselseitiger Besitz. In kurzer Zeit ersticken wir so die Liebe. Daß Freiheit nicht Unverbindlichkeit heißt, kommt vielen nicht in den Sinn. Daß sie die Bindung vertieft, klingt unglaubwürdig... Und doch wissen wir alle, daß sich Gefühle nicht zwingen lassen. Aber was ist denn diese Kunst der freien Bindung? Wie lassen sich Freiheit und Bindung vereinen?» M. L. Moeller

Michael Lukas Moeller wurde 1937 in Hamburg geboren. Nach dem Studium der Medizin und Philosophie in Hamburg, München und Berlin promovierte er 1967 mit einer Arbeit über *Psychodynamik der Prüfungsangst.* Als ausgebildeter Psychoanalytiker habilitierte er sich für das Fach Psychotherapie und Psychosomatische Medizin. Seit 1973 hatte er in Gießen eine Professur für seelische Gesundheit inne. 1983 übernahm er den Lehrstuhl für Medizinische Psychologie an der Universität Frankfurt.
Besonders bekannt geworden ist er durch seinen Einsatz für die Entwicklung der Selbsthilfegruppen. Seit anderthalb Jahrzehnten widmet er sich schwerpunktmäßig der Psychoanalyse der Paarbeziehung. Neben seinen zahlreichen fachwissenschaftlichen Arbeiten stehen die Buchveröffentlichungen: *Selbsthilfegruppen. Selbstbehandlung und Selbsterkenntnis in eigenverantwortlichen Kleingruppen.* Reinbek 1978 (Rowohlt), *Anders helfen. Selbsthilfegruppen und Fachleute arbeiten zusammen.* Stuttgart 1981 (Klett-Cotta), *Die Wahrheit beginnt zu zweit. Das Paar im Gespräch.* (rororo 9153) und zus. mit H.-J. Maaz *Die Einheit beginnt zu zweit. Ein deutschdeutsches Zwiegespräch* (rororo 9364).

Michael Lukas Moeller

Die Liebe ist das Kind der Freiheit

rororo
Rowohlt

27.–31. Tausend Mai 1993

Veröffentlicht im Rowohlt Taschenbuch Verlag GmbH,
Reinbek bei Hamburg, Juni 1990

Umschlaggestaltung Nina Rothfos/Barbara Hanke
(Foto S. 2 Digne Meller Marcovicz)
Gesamtherstellung Clausen & Bosse, Leck
Printed in Germany
990-ISBN 3 499 18719 1

Rabbi Sussja sagte kurz vor seinem Tode:
«In der kommenden Welt wird man mich nicht fragen:
‹Warum bist du nicht Moses gewesen?›
Man wird mich fragen:
‹Warum bist du nicht Sussja gewesen?›»

für unsere Kinder
Nikolas und Nina

Inhalt

Vorwort

> Wer die Liebe hochhält,
> handelt, hat aber
> keine Absichten.
> Laotse *

Jede tiefe Liebe beginnt mit dem Zufall einer Begegnung. Psychoanalytiker glauben nicht gern an Zufälle. Zuviel stellt sich als unbewußte Handlung heraus. Dennoch bleibt nach Abzug unserer geheimen, uns selbst verborgenen Absichten ein unabsehbarer Rest an Zufall, der unser Leben bestimmt. Wir verleugnen ihn schon in unserer Geburt und erst recht in unserem Tod. Wer der Liebe ins Gesicht sieht, sieht Zufall auch dort.

Die Liebe ist die Kraft in uns, die Leben in allen seinen Formen entstehen läßt: unser Gefühl, wirklich dazusein; unsere Kinder; unsere schöpferischen Werke; unser Spielen ohne nützliches Ziel. Liebe erkennt das Leben. Sie macht nicht blind – das tut Verliebtheit. Sie macht sehend. Deswegen heißt es in der Bibel: «Und Adam erkannte sein Weib Eva.»

Aber wir sehen mit dem Leben auch unser Sterben. Sein

* Laotse: Tao Te King. Das Buch vom Sinn und Leben. Übersetzung und Kommentar von Richard Wilhelm. Diederichs Gelbe Reihe, 19. Düsseldorf (Diederichs) Neuausgabe 1978. Das Zitat findet sich in Vers 38 auf Seite 81.

und Nichtsein, Glück und Unglück der Liebe erzeugen sich wechselseitig. Tod und Liebe sind zwei Seiten eines Geschehens. Beide heben uns auf. Wie der Zufall.

Das spricht nicht für Dahingehenlassen. Die große seelische Handlung der Liebenden ist ihr tiefes Erleben. So verstehe ich den Satz von Laotse. Dieses Erleben ist heute vielfach gefährdet. Unsere innere und äußere Unfreiheit – unter unserer Anpassung kaum noch zu spüren – verhindert die Liebe, die das Kind der Freiheit ist. Von selbst gelingt die Liebe in dieser Gesellschaft nicht. Wir müssen uns gute innere und äußere Liebesbedingungen erst schaffen. Das begründet die «Arbeit für die Liebe». Sie erwächst aus dem Abschied von der kindlichen Erwartung, uns falle das Glück stets von selbst zu. Mit meinem Buch will ich nicht nur zum Nachdenken, sondern auch zum Tätigsein auffordern. Wann werden wir einsehen, daß solche «Liebesarbeit» so notwendig ist wie Trauerarbeit, wie Berufsarbeit?

Wer zur Liebe etwas sagen möchte, sollte auch von sich persönlich reden, meine ich. Das ist doppelt schwierig, weil der Wunsch, möglichst aufrichtig zu schreiben, schnell exhibitionistisch wirken kann und das ganz persönliche Reden von der Liebe manchem Leser vielleicht zu dicht wird. Im erotischen Erleben irritieren uns Scham und Schuld ohnehin mehr, als wir wahrhaben wollen. Dennoch wollte ich nicht in die Sachlichkeit fliehen und ein abgehobenes Buch «über» die Liebe verfassen.

Da es um die Liebe geht, danke ich allen, mit denen ich gelebt habe und lebe.

Karl Markus Michel vom «Kursbuch» hat mich ermutigt, offener und weniger akademisch zu schreiben.

Daß nun dieses Buch vorliegt, verdanke ich meinem Freund und Lektor Hermann Gieselbusch.

Frankfurt, im Dezember 1985 Michael L. Moeller

«Ich bin nicht du und weiß dich nicht»*

Briefe an Celia über die Zwiegespräche

* Der Titel stammt aus der Legende «Die Freude der Fische» des chinesischen Dichters und Tao-Philosophen Tschuang-tse, der um 300 v. Chr. gelebt hat. Übersetzung von Martin Buber.

«Die Welt gehört demjenigen,
der nicht fühlt. Die wesentliche Vorbedingung, um ein
praktischer Mensch zu sein,
ist ein Mangel an Sensibilität.»
Fernando Pessoa*

Die Liebe, diese beziehungsstiftende Urkraft, kommt von selbst, wenn wir sie lassen. Warum lassen wir sie nicht? Warum veröden zu viele Beziehungen?

In den folgenden Briefen an meine Freundin Celia versuche ich, fünf Grundeinsichten mitzuteilen, die auch mein Paarleben veränderten. Jeder von uns macht seine Beziehung selbst, ist aber in einem riesigen, unbewußten Beziehungsraum eng mit dem anderen verflochten. Beides wollen wir nicht wahrhaben. Wenn wir das jedoch anerkennen, haben wir eine Chance, unsere Beziehungen lebendiger zu entwickeln. Der entscheidende Weg ist *das wesentliche Zwiegespräch*. Er bildet den ungestörten Raum, in dem wir unser Erleben wechselseitig einfühlbar machen können. Dazu gehört eine Sprache in Bildern und Geschichten und die Einsicht, daß wir viel weniger voneinander wissen, als wir ahnen.

Erster Brief

Liebe Celia,
nichts hat mich während der letzten Jahre in den mir wesentlichen Beziehungen freier gemacht als das langsame Zusammenwachsen einiger Grundeinsichten in das Paar-

* Fernando Pessoa: Das Buch der Unruhe des Hilfsbuchhalters Bernardo Soares. Vorwort und Übersetzung aus dem Portugiesischen von Georg Rudolf Lind. Zürich (Ammann) 1985, Seite 30.

leben – in mein eigenes, in das meiner Freunde und in das meiner Klienten. Fünf goldene Erkenntnisse. Ich verspreche Dir kühn: mit ihnen braucht keine Beziehung mehr zu mißlingen. Sie entwickelt sich wieder: zu tieferer Bindung oder zu klarerer Trennung, in der eine Partnerschaft nicht wie üblich einfach abgebrochen, sondern gemeinsam aufgelöst wird. Diese Aussicht versetzt manchen Paaren zunächst einen kleinen Schock. «Entwicklung kennt keine Sicherheit», bemerkt Tschuang-tse trocken. Auch für mich ist das manchmal kaum auszuhalten. Kein Stein soll auf dem anderen bleiben? Mir gefiel, was Du dazu sagtest: daß Dir wenigstens die Sicherheit bliebe, Dich zu entwikkeln. Wer ist denn auch ernsthaft an einer Beziehungskonserve interessiert? Ich jedenfalls nicht. Ich wünsche mir für meine Beziehungen eine Art Entscheidungshilfe, eine realistische Chance, sie möglichst befriedigend zu gestalten oder, wenn sich das als zu schwierig herausstellen sollte, in gutem Einvernehmen zu beenden.

Die Voraussetzungen für diesen Erkenntnisgewinn waren in meinem gelebten Leben und in meinem Beruf äußerst günstig. Doch reichten sie nicht aus: erst die Beziehung zu Dir hat mir in den letzten fünf Jahren die Augen geöffnet. Warum? Du bist so anders als ich: Portugiesin, Arbeiterkind, fünfundzwanzig Jahre jünger und Oberschulverweigerin. Klüfte in Kultur, Schicht, Alter und Ausbildung. Wie kann ich da nur einen Deiner Sätze so verstehen, wie Du ihn meinst? Und: hast Du mich je verstanden? Trotz des offensichtlichen Unterschiedes zwischen uns hat es Jahre gedauert, bis ich Dein Anderssein begriff. Aber gerade dieser große Abstand war es, der sozusagen sein Gegenteil erzeugte: die beziehungsstiftenden Zwiegespräche.

Die Blindheit für das Anderssein eines Menschen, der einem nahesteht, ist kein ausgefallenes Beziehungssymptom – das ist mir heute klar –, sondern eine allgemeine, typisch menschliche Täuschung. Jetzt erst weiß ich, daß ich nichts von Dir weiß.

«Wissen ist seicht, Nicht-Wissen ist tief». Wie schwer ist der einfache Tschuang-tse heute, in der wissenschaftsgeprägten Welt, zu verstehen.

Was sich in mir noch sehr vorläufig zusammenfügt, halte ich für den Kern einer *Psychoanalyse der guten Beziehung*. Sie muß die bisherige Psychoanalyse der konflikthaften Beziehung ergänzen. Denn nur mit einer Hoffnung, mit dem Bild der guten Beziehung, sind wir fähig, die in jeder Beziehung lauernden Ängste aufzunehmen und aufzulösen. Manchmal kommt es mir märchenhaft vor. So als hätte ich gleichsam einen Stein der Weisen zu verschenken. Er ist auch in Deinen anderen Beziehungen zu verwenden: in der Familie, in Freundschaften, bei der Arbeit – vor allem aber in der Liebe. Er glitzert, dieser harte Brocken: ein Stein des Anstoßes – vor allem weil man sich selbst begegnet.

In meinen atemlos kurzen Briefen an Dich lasse ich weg, wie die Gesellschaftsmechanik unser aller Liebe in die heutige Kümmerform gebracht hat. Wir sind ja selbst diese Gesellschaft und haben keine Alternative. Ich möchte nur daran erinnern, daß die innige, tyrannisch intime Zweierbeziehung ein zwangsläufiges Ergebnis der kapitalistischen Industrialisierung ist, und komme im nächsten Brief direkt zur Sache.
Dein Michael

Zweiter Brief

Liebe Celia,
die fünf Erkenntnisse, von denen ich Dir gestern schrieb, sind unterschiedliche Ansichten ein und derselben Gestalt – eben der guten Beziehung – und nur *miteinander* ver-

ständlich. Ich nenne sie Dir in vorläufigen und unzureichenden Sätzen. Es fällt mir übrigens nicht leicht, persönlich und bei uns zu bleiben. Ich bin durch die Wissenschaft, die stets verallgemeinert und dadurch beziehungslos wird, verdorben.

Die gute Beziehung ist nicht, sie kann werden. Deswegen fange ich so an:

1. Ich möchte in unserer Beziehung lernen, von der wechselseitigen Unkenntnis auszugehen und Dich nicht mehr mit meinen Vorstellungen zu kolonialisieren.
2. Ich möchte in unserer Beziehung lernen, unser gemeinsames unbewußtes Zusammenspiel ernst zu nehmen und damit zu erkennen, daß ich verantwortlich, aber nicht unabhängig bin.
3. Ich möchte in unserer Beziehung lernen, wesentliche Zwiegespräche als notwendig anzusehen und zu verwirklichen; nur so kann ich lernen, mich und Dich ernst zu nehmen; und Du kannst mir nicht wesentlich sein, wenn ich mir nicht wesentlich bin.
4. Ich möchte in unserer Beziehung lernen, mich in konkreten Erlebnissen und nicht in Begriffen zu erläutern, weil Bilder und Geschichten erst wirklich tiefgehend und umfassend wiedergeben können, wer ich bin – und wer Du bist.
5. Ich möchte in unserer Beziehung lernen, zu erkennen, daß ich mir auch die Gefühle mache, von denen ich gern annehme, daß Du sie mir machst – zum Beispiel Kränkung und Schuldgefühle –, oder von denen ich glaube, daß sie mich einfach überkommen – wie etwa Angst und Depression.

Gemeinsam sind diesen «Lernzielen» zwei Einsichten: erstens, daß ich meine Beziehung insgesamt sehr aktiv gestalte, auch dort, wo ich denke, es passiert eben so. Vor allem: auch meine Liebesempfindungen mache ich zu einem großen Teil selbst. Das gilt für alle, auch wenn sie es noch nicht aus eigener Erfahrung wissen. Zweitens geht es darum, daß wir uns in Partnerschaften viel mehr austauschen und abstimmen müssen, als wir es ahnen.

Keiner bezweifelt das altfranzösische Sprichwort «L'amour est l'enfant de la liberté» – die Liebe ist das Kind der Freiheit. Für mich ist es eine tiefe Wahrheit. Sie ist schön. Und sie ist entsetzlich. Denn wir richten die Liebe zugrunde, indem wir in unseren Beziehungen Bindung mit Besitz des anderen verwechseln. Wir verwandeln sehr schnell das zu jeder Liebe gehörende Gefühl, mit dem geliebten Menschen zusammensein und ihn *in dieser Gefühlsform* «besitzen» zu wollen, in den ausgesprochenen, ja oft tätlichen Anspruch: «Du gehörst mir». Vermutlich ist es der Wunsch nach Sicherheit, das heißt, es ist unsere Unsicherheit, die auf diese Weise die Freiheit in der Partnerschaft in Unfreiheit verwandelt und die Liebe ganz gezielt in tausend kleinen Alltagshandlungen zum Schwinden bringt. Wollen wir die Liebe freilassen, geht es also darum, uns wechselseitig zu befreien – genauer gesagt: die äußere und innere Unfreiheit zu mindern, die wir unter dem gesellschaftlichen Zwang, uns selbst unter Kontrolle zu halten, täglich nachproduzieren. Diese Befreiung beginnt – und endet – mit dem Entschluß, uns so zu akzeptieren, wie wir sind.

Dein Michael

Dritter Brief

Liebe Celia,
wie beginne ich nur mit der unendlich vielfältigen ersten Einsicht? – Der andere ist anders. Deshalb heißt er ja so. Eine Binsenweisheit. Doch keiner lebt nach ihr. Das ver-

blüfft mich heute am meisten. Jedes Paar, das zu mir kommt, verwickelt sich binnen kurzem in die altbekannte Fehde: «Nein, so war es überhaupt nicht, es war vielmehr so.» Sie ringen um die Wahrheit. Die entspricht in der Regel der jeweils eigenen Auffassung. Dazu sage ich dann, sie hätten ja auch recht. Wir haben nur eine einzige Realität: die wir erleben. Das ist unsere Wirklichkeit und Wahrheit. Was wir dabei allerdings pausenlos verleugnen, ist die gleichrangige Wahrheit des anderen. Und die ist eben anders. Es kommt also in der Beziehung nicht darauf an herauszukriegen, wie es wirklich gewesen ist, sondern sich zu fragen: Wie hast *du* es erlebt? Wie *ich*? Die beiden Erlebniswelten wechselseitig wahrzunehmen, das ist entscheidend. So und nur so machen wir unsere Bindung selbst.

Die subjektive, Deine und meine, Wirklichkeit ist wesentlich. Es bringt uns nicht weiter, die objektive Realität festzustellen. Was wollen wir denn beide mit einer über uns schwebenden objektiven Wahrheit anfangen? Ich habe nur eine Antwort: mit der wollen wir von uns selbst ablenken, uns selbst vertuschen. Diese objektive Wahrheit ist belanglos. Bedeutsam ist: zu zweit mit beiden Wirklichkeiten zu Rande zu kommen. Die meisten Paare erleben einen Hinweis darauf wie eine Erlösung. Sie machen endlich die ersten Schritte, hinter der Mauer der sogenannten Realität sich selbst zu suchen. Nur Männern fällt es schwer einzusehen, daß Fakten eine Spezialform der Phantasie sind. Eine Eheforschung aus England ergab, daß fast alle Ehekräche auf wechselseitigen Mißverständnissen beruhen. Jetzt genauer gesagt: auf der Unfähigkeit anzuerkennen, daß der andere seine eigene Wirklichkeit hat. Die Blindheit gegenüber dem Anderssein des anderen gilt nicht nur zwischen Mann und Frau, sondern ebenso in den Beziehungen zwischen Männern und Frauen untereinander. Es ist deswegen eine gefährliche Illusion, auf die «gleiche Wellenlänge» zu setzen.

Die erste Einsicht läßt sich in einen lapidaren Satz zusammenfassen: Deine Beziehung ist nicht meine Beziehung, obwohl es um dieselbe geht. Das macht mir manchmal Schüttelfrost. Erst wenn ich entdecke, daß die Erkenntnis «Ich bin nicht du und weiß dich nicht» die beste Voraussetzung ist, sich verstehen zu lernen, wird mir wohler.

Dein Michael

Vierter Brief

Liebe Celia,
wie wirkt es sich aus, wenn ich Deine Andersartigkeit nicht annehme? Ich wähne mich in einer heilen Welt mit Dir, in einer Lebenswohnung, in einer einzigen Realität. Eine schöne, wärmende Illusion. So einfach, so bequem.

Das Bild dieser lauschigen Hütte reicht allerdings nicht. Denn wenn ich meine Wirklichkeit über Dich ausbreite, wenn ich also zu wissen meine, wie Du erlebst, ohne Dich zu fragen, dann mache ich unversehens meine Welt zu Deinem Maßstab. Eine unbemerkte Unverschämtheit. Sie ist bei allen Paaren die tägliche Regel.

Psychoanalytiker und andere Helfer sind aus beruflicher Verbiegung davon besonders oft befallen und eben deswegen durch vermehrte Beziehungsstörungen gekennzeichnet. Auch Du kannst dieses unbemerkte Absolutsetzen der jeweils eigenen Wirklichkeit wahrscheinlich in Deinen Beziehungen wiederfinden. Heute fasse ich es kaum noch, mit welcher Unverfrorenheit ich einst meine Partnerinnen und Partner nach meinem Bild von ihnen gedeutet und festgelegt habe. Ohne daß wir es merken, setzen wir einfach voraus, daß wir wüßten, was der andere fühlt, denkt, will, wünscht, tut. Ich nenne das heute *die Kolonialisierung des Partners*. Es handelt sich um den Versuch, den anderen ins eigene Weltreich sozusagen als Provinz einzugliedern. Wenn er das nicht will, ist er lieblos. Kein Wunder, daß auch sexuelle Störungen die Folge sind. Fast jeder Krach in der Beziehung ist der Kampf darum, wer wen kolonialisiert. Dieser Krieg hat kein Ende in sich. Eine Scheinlösung ist die Unterdrückung eines Partners. Einer gibt irgendwann nach. Die Ruhe im Hause ist dann ein gärender Unfrieden. Denn auf diese Weise haben wir uns selbst die Grube gegraben. Wir können uns nicht mehr einfühlen, nicht mehr aufeinander abstimmen. Wir können unsere wesentlichen Bedürfnisse gar nicht mehr äußern. Die Enttäuschung der unterdrückten Bedürfnisse bleibt unbemerkt. Entsprechend sammeln wir unterdrückten Zorn in der Beziehung an. Wir blockieren die Selbstentwicklung von uns beiden. Unsere Aggressivität läßt die Schuldgefühle ansteigen und verengt schließlich die Beziehung, bis sie versandet. Da gedeiht natürlich auch keine Erotik.

Wir übersehen, daß die Beziehung kein Zustand ist, sondern eine immerwährende Entwicklung. Wenn wir die Andersartigkeit des anderen nicht wahrnehmen, leiten wir eine Beziehung ein, die über Jahre schließlich kaputtgehen muß. Zum Glück, möchte ich hinzufügen. Denn noch fürchterlicher als kaputte sind jene Scheinbeziehungen, die nur noch aus einem glatten Nebeneinander der Partner bestehen und ein Miteinander bestenfalls in der Verwaltung des Alltags kennen. Nach meinen Beobachtungen ist dies die häufigste Eheform. Ich vermute inzwischen: die geheime Absicht vieler Ehepartner ist es, gerade soviel zusammenzusein, daß sie sich *nicht* kennenlernen können.

In einer solchen Scheinbeziehung sorgen wir wechselseitig ununterbrochen für Enttäuschungen. Je mehr ich aber enttäuscht bin, desto mehr fixiere ich mich auf meine unerfüllten Bedürfnisse und damit auch auf mein Weltbild. Aus der Enttäuschung stammt die Aggressivität. Es ist ungeheuer, welcher Haß sich über Jahre in einem Paar ansammelt. Er gipfelt im Paar-Rassismus. Ich beginne die Welt des anderen zu verachten, die mir mit ihren ständigen Übergriffen so lästig wurde und doch auch so fremd blieb. Jeder Rassismus betreibt schließlich die Auslöschung des anderen.

Bei länger bestehenden Beziehungen ist das die schwierigste Aufgabe: diesen Haß und die Mißachtung, hinter der eine große Trauer über das versäumte Leben steht, gemeinsam aufzuarbeiten. Bei denen, die es wollen, kommt oft jede Hilfe zu spät. Die meisten aber rühren gar nicht daran. Ein trauriges Ende. Hoffentlich ersparen wir es uns.

Dein Michael

Fünfter Brief

Liebe Celia,
auch wenn ich es für fruchtbarer halte anzunehmen, daß Du Dich, mich, unsere Beziehung und die Welt anders erlebst als ich, reicht das noch lange nicht, um diese Revolution zu zweit zustande zu bringen, die ich in meinen Beziehungen als große Befreiung erlebt habe. Es gehören vier andere Einsichten unauflösbar dazu.

Die zweite Einsicht lautet: Mein Verhalten und Dein Verhalten sind stets doppelt bedingt: durch mich und durch Dich. Dieses Zusammenspiel unseres Unbewußten, unseres unbewußten Handelns – fachsprachlich Kollusion – bestimmt auf ungeahnte Weise fast alles, was ich tue und was Du tust – vom Denken und Entscheiden bis zum Fühlen und Träumen. Erst in den Paarselbsterfahrungsgruppen habe ich bemerkt, wie sehr zum Beispiel Träume der Partner – meist aus derselben Nacht – um dasselbe unbewußte Thema kreisen. Aber welche Paare tauschen ihre Träume miteinander aus? Partner, die eine wesentliche Beziehung zwischen sich fühlen, sind keine ganz unabhängigen Individuen mehr. Jeder ist unbewußter Mittäter bei den Handlungen des anderen. Das Unbewußte beider Beziehungspartner kommt aus einem gemeinsamen Raum, ist eng miteinander verwoben. Denn die unbewußte Wahrnehmung ist etwa zehnmal umfangreicher als die übliche bewußte Aufmerksamkeit.

Stell Dir vor: Du nimmst von mir zehnmal mehr wahr, als Dir bewußt ist – und ich von Dir. Deshalb sind in einer Partnerschaft die Gefühle, die aus den unbewußten Wahrnehmungen und aus dem riesigen Raum der unbewußten Beziehung stammen, viel wesentlicher als die Urteile des Verstandes. Nur manchmal wird ein Teil der unbewußten Vorgänge in uns bewußt – bei sogenannten Übertragungen oder bei der Abwehr von Ängsten. Wenn ich Dich so erlebe wie meinen jüngsten Bruder und Du mich wie Deinen älteren, dann entspricht das einer wechselseitigen unbewußten Abstimmung.

Die wechselseitige unbewußte Beziehung vollzieht sich sehr schnell und ohne grammatisch und logisch geregelte Sprache: durch kleine Bewegungen, durch Veränderungen im Mienenspiel, durch den Tonfall beim Reden, durch Gesten und Bewegungsfolgen. Jede Partnerwahl ist in dieser Weise unbewußt bestimmt. Die «Liebe auf den ersten Blick» gibt einen Eindruck von der Schnelligkeit des unbewußten Austausches. Aber das ist nicht nur am Anfang so, sondern jederzeit in einer bestehenden Beziehung. So erzeugen wir in unbewußten Handlungen auch all unsere

Stimmungen, die unserem Bewußtsein vom Himmel zu fallen scheinen. Zu zweit können wir auch viel besser das, was uns angst macht, aus dem Bewußtsein verdrängen. Doppelt genäht hält immer besser.

Die für den Alltag bedeutendste Folge dieser Einsicht ist, daß wechselseitigen Vorwürfen, aber auch Selbstvorwürfen oder Schuldgefühlen der Boden entzogen wird. Ich kann Dir nichts vorwerfen, weil ich immer selbst beteiligt bin an Deinen Handlungen. Mit Vorwürfen oder Selbstbezichtigungen versuchen beide immer wieder, nur *einen* Partner zur einzigen Ursache zu machen. Diese moralisch richtende Haltung entpuppt sich als Abwehr der wechselseitigen Verflechtung und Abhängigkeit.

Dein Michael

Sechster Brief

Liebe Celia,
was können wir tun? Das führt zur dritten Einsicht. Es bleibt nur ein Ausweg, und der ist auch noch der beste: wir müssen uns wechselseitig erläutern, das heißt wirklich mitteilen. Auf diese *wesentlichen Gespräche* müssen wir uns zunächst einlassen. Nur so lassen sich vier Bereitschaften gleichzeitig vereinen: daß ich mich öffne und äußere – was keinem Menschen leichtfällt –, während Du mir zuhörst, und daß ich aufmerksam bin und Dir zuhöre, wenn Du von Dir sprichst.

Plötzlich wird klar, daß eine solche Beziehungsform ein gemeinsames Handeln ist – und eine Beziehung ist praktisch nichts anderes. In diesen Zwiegesprächen kommt sie zustande, gerät in Bewegung und entwickelt sich. Das verändert auch außerhalb der vereinbarten Zeit das gesamte

Verhältnis zueinander. Die wesentlichen Gespräche brauchen eine ungestörte Situation und manches mehr. Daher mein Rezept für solche Zwiegespräche – zum Selbermachen:

Wenigstens einmal in der Woche ein Gespräch. Möglichst regelmäßig, sonst entwickelt sich nichts. Die Wiederholung ist das Geheimnis des Erfolges. Sie gibt Zeit zum Lernen und zum Umlernen; sie läßt der Beziehung Raum, sich in der Tiefe zu entfalten; der rote unbewußte Faden geht nicht verloren. Keine Störung: kein Telefon, kein Essen, keine Kinder und keine Überraschungsbesuche. Nicht länger als eineinhalb bis zwei Stunden, sonst fördert die unbemerkte Ermüdung aggressive Themen. Jeder über sich. Ein offenes Gespräch. Keine Kolonialisierungsversuche. Kein bohrendes Fragen, kein Drängen. Zwiegespräche sind kein Offenbarungszwang. Äußern und Zuhören möglichst gleich verteilen. Schweigen und Schweigenlassen, wenn es sich ergibt.

Fast immer geht zu Anfang alles schief. Zwei aber lernen es mit der Zeit besser als einer allein. Wir behindern uns ja nicht nur, wir unterstützen uns auch manchmal. Jeder entwickelt sich selbst und hilft dadurch dem anderen, sich selbst zu entwickeln. Im Gelingen und Mißlingen sind wir uns wechselseitig ein Modell. Wir können uns damit dem Ideal einer guten Beziehung annähern. Für mich heißt das: daß jeder sich in der Beziehung besser verwirklichen kann als allein. Landauf, landab ist das Gegenteil der Fall: die Selbstverwirklichung wird behindert, wo es nur geht.

Diese einfachen Gespräche, eigentlich das Selbstverständlichste der Welt, rufen Angst hervor und seltsame Schwierigkeiten, auch wenn die Partner soweit sind, sie für sinnvoll, ja notwendig zu halten. Diese Barrieren gleichen dem Widerstand gegen eine psychoanalytische Therapie. Zunächst geht also nichts. Alle träumen davon abzuwarten, bis sie spontan in der richtigen Stimmung sind oder bis sich eine gute Gelegenheit im Alltag bietet. Sie bietet sich aber fast nie von selbst. Spontaner nämlich ist der unbewußte Widerstand. Es genügt zwar ein ruhiger halber Abend. Aber wer hat den schon? Entweder müssen wir noch arbeiten, oder wir haben was vor, oder wir sind zu erledigt, oder wir sehen überhaupt lieber fern.

Dein Michael

Siebter Brief

Liebe Celia,
die wesentliche Beziehung – das ist die vierte Einsicht – hat auch eine andere Sprache. Wir sprechen ja selbst über unsere Gefühle in allgemeinen, abstrakten Begriffen.

Als Du mich neulich am Telefon «lustig» genannt hast und ich das auch fand, war ich immerhin schon soweit nachzufragen. Das Ergebnis überraschte mich: Du fandest mich nicht nur in ganz anderen Verhaltensweisen lustig, als ich es annahm, sondern Du meintest mit «lustig» überhaupt etwas anderes.

Wir verführen uns mit der abstrakten Sprechweise zu scheinbarem Verstehen, laden zu Projektionen ein, die wir nicht einmal bemerken können, und vergiften manchmal durch unerkannte Mißverständnisse die ganze Beziehung. Anders wird es, wenn wir konkret die bildliche Vorstellung oder die kleine erlebte Szene schildern, die stets in uns aufkommt, sobald wir einen Gefühlsausdruck wie «gut leiden mögen» oder «eklig finden» verwenden. Gleich geht das Verstehen tiefer, wird lebendiger und weniger mißverständlich. Bildersprache also statt Begriffssprache.

Und nun zur letzten Einsicht. «Willst du etwas gemacht

haben, dann tue es selber.» Ein kanadisches Sprichwort, das es in sich hat. Tue es, wenn du etwas fühlst, und warte nicht auf den anderen. Mein Gefühl ist schon ein Impuls zu handeln. Wenn ich den erst in mir blockiere, um dann beleidigt zu sein, wenn Du ebenfalls nichts tust, dann schiebe ich einfach Dir in die Schuhe, was ich selbst «getan» habe. «Du tust ja überhaupt nichts», lautet dann mein Vorwurf.

Eine weitere gefährliche Falle in der Beziehung ist meine Erwartung, daß der andere meine Verfassung von selber merken solle. Das ist in der Regel ein maßloser Anspruch, eine Überforderung.

Das Sprichwort reicht aber noch tiefer: selbst meine Passivität ist meine aktive Leistung. Viel mehr, als mir bewußt wird, mache ich selbst – nicht nur die Personen in meinen Träumen, die ich nicht bin; nicht nur meine Fehlleistungen; auch meine Liebe, meine Leidenschaft, mein ganz konkretes sexuelles Erleben; und – ich sagte schon – auch Kränkung, Angst, Depression und Schuldgefühle, die ich so gern auf Dein Verhalten zurückführe. Was beabsichtige ich damit, daß ich gekränkt bin? Diese Frage nach den geheimen Absichten in mir ist zentral. Ich mache mir Kränkung, Angst und Depressionen mit Deiner Hilfe selbst.

Ich bin verantwortlich für das, was ich fühle. Das heißt für mich: ich versuche, Verantwortung für mich selbst zu übernehmen. Ich las bei dem jüdischen Philosophen Martin Buber diesen Satz: «Es kommt einzig darauf an, bei sich zu beginnen, und in diesem Augenblick habe ich mich um nichts anderes in der Welt als um diesen Beginn zu kümmern.» Bei sich beginnen, aber nicht bei sich enden, das ist gemeint. «Von sich ausgehen, aber nicht auf sich abzielen.» Das ist härter, als ich dachte.

Ich bin überzeugt davon, daß die Liebe das Kind der

Freiheit ist. Und ich habe bisher – Entwicklung kennt keine Sicherheit – die Liebe für das Wesentlichste im Leben gehalten. Wenn ich aber frei sein und Freiheit lassen will, muß ich auch zu mir stehen. So läuft schließlich alles auf die eine Frage hinaus: Bringe ich soviel Mut auf?

Dein Michael

Achter Brief

Liebe Celia,
anderthalb Jahre sind seit dem ersten Brief vergangen. Ich habe in dieser Zeit manches über Zwiegespräche gelernt. In Beziehungen, die mir viel bedeuten, möchte ich Zwiegespräche nicht mehr missen. Warum? Ich erlebe den anderen in solchen Gesprächen erst wirklich. Die Beziehung verwandelt sich mit der Zeit durch die gemeinsame Aktivität in eine tiefe Bindung, der nichts mehr von Klammern oder Einengung anhaftet. Sie befreit die Liebe nach und nach vom Schutt der Mißverständnisse und unbemerkten Enttäuschungen. Es ist mir, als sähe ich auf einmal klar in die offene Weite. Das heißt aber auch: die Reise geht ins Ungewisse. In den Gesprächen entsteht immer mehr, als jeder einzelne hätte vorbringen oder voraussehen können. Zwiegespräche sind stets für eine Überraschung gut. Gerade das ist manchem nicht geheuer.

Zwiegespräche, die ich selber über lange Zeit oder nur kurzfristig mit anderen führte, sind unterschiedlich wie Tag und Nacht. Bei regelmäßigen, jahrelangen Zwiegesprächen erlebe ich am deutlichsten, wie sehr wir unsere Bindung selber machen und wie wenig eine Beziehung ihren unabänderlichen, schicksalhaften Verlauf nimmt. Die Macht des Zufalls bleibt trotzdem ungeschmälert.

Marina hielt die Gespräche anfangs für ein «Beglükkungsprogramm». Das sagten auch andere mit anderen Worten: Es klinge so, als sei alles machbar.

Dazu möchte ich sagen: Wir vergessen allzugern, daß die Beziehung in jedem Falle von uns «gemacht» ist. Von wem denn sonst? Eine Beziehung kann gar nicht anders als machbar sein. Sie ist durch und durch unser Werk. Unser Handeln ist uns nur zum großen Teil unbewußt. Wir stellen uns fälschlich vor, wir wären passiv oder gar Opfer. Wir kriegen nicht richtig mit, was wir tun. Aber wir können es herausbekommen, wenn wir darauf achten. Das ist in Zwiegesprächen meines Erachtens am besten möglich.

Natürlich ist nicht alles machbar. Das meiste ist Zufall. Es ist nicht zu fassen, wie sehr wir ihn verleugnen. Aber es ist dennoch viel mehr zu machen, als wir annehmen. Davon bin ich inzwischen überzeugt.

Nur eine Voraussetzung muß erfüllt sein: die beiden Partner müssen miteinander wenigstens so viel Beziehung aufnehmen, daß sie ihr Verhältnis erleben und durcharbeiten können. Kurz: es müssen wenigstens Zwiegespräche zustande kommen. Und das ist eben nicht gerade die Regel. Wir beide haben das ja selbst erfahren. Wenn nicht einmal dieses Minimum gegeben ist, bleibt das Paar entscheidungsunfähiger. Es kann sich weder binden noch trennen, geschweige denn entwickeln. Leider ist das der Normalfall, wenn ein Paar zu mir in die Praxis kommt.

Die Zwiegespräche wirken am stärksten, wenn sie regelmäßig stattfinden. Wie viele Paare, die zu mir in die Praxis kommen, stellen auch Marina und ich fast belustigt fest, wie der Pegel unserer unterschwelligen Gereiztheit im Alltag ansteigt, wenn ein Zwiegespräch ausgefallen ist. Kein Wunder: uns fehlt die Abstimmung unserer Bedürfnisse und die wechselseitige Einfühlung in die momentane innere Lage des anderen.

Dein Michael

Die Liebe und das liebe Geld …

Neunter Brief

Liebe Celia,
die Zwiegespräche habe ich auch bei kurzen Begegnungen mit Freunden und Freundinnen versucht: mit Karl, mit Christiane, mit Manfred und mit Bine ging es zu meiner Überraschung leicht in die Tiefe. Ich bin froh, diesen Weg zu kennen, und habe das Gefühl, wirklich Wesentliches erfahren und ausgetauscht zu haben. Selbst mit dem sechsjährigen Lasi gelang kürzlich ein echtes Zwiegespräch: für zehn Minuten, auf seinen Wunsch. Ich war ganz verblüfft. Zwiegespräche zwischen Eltern und Kindern sind ebenso sinnvoll wie Zwiegespräche zwischen Erwachsenen. Sie stärken das Familienleben. Besucht mich jemand von außerhalb für einige Zeit, wünsche ich mir ein Zwiegespräch. Meine Begegnungen werden dadurch lebendiger und reicher – ganz anders als meine früheren Treffen, in denen ich mit meinen Freunden auch nicht nur über Belangloses sprach, sondern versuchte, wesentlich zu bleiben.

Monate nach einem einzigen Zwiegespräch während eines Besuches habe ich Bine nach ihren damaligen Gefühlen gefragt. Was sie empfand, scheint mir typisch: sie sei sehr aufgeregt gewesen. Es sei ihr abenteuerlich, aber auch bedrohlich vorgekommen, vor allem weil sie nicht wußte, was da eigentlich passiert. Unser gemeinsames Vertrauen habe ihr über ihre Angst hinweggeholfen. Sobald sie zu sprechen angefangen hätte, sei die Beklommenheit geschwunden. Inzwischen probiert sie in ihren Beziehungen mit wechselndem Erfolg die Zwiegespräche aus. Sie nennt sie «lebensbereichernd». Sie meint allerdings, für die meisten Menschen seien sie sehr ungewohnt. Vielleicht gingen sie sogar lieber zum Psychoanalytiker, weil sie sich da noch am Helfer festhalten könnten und nicht selbst so sehr ausgesetzt wären. Die Angst kann sich auch sehr viel stärker zeigen. Du hast selbst beobachtet, wie Dir plötzlich und unerklärlich Worte und Gedanken entschwinden, die Du gerade noch im Sinn hattest. Ich achte auf solche Momente bei mir sehr. Sie zeigen eine Verdrängung im Augenblick ihres Entstehens an. Dahinter steht eine Angst, die mit dem, was da entschwindet, verbunden ist.

Dein Michael

Zehnter Brief

Liebe Celia,
ich habe es natürlich leicht, für die Zwiegespräche zu sein, weil die Paare, die in meine Praxis kommen, mir zur Genüge vormachen, welche Ängste in welcher Weise die Gespräche be- oder gar verhindern.

Alle lernen die Zwiegespräche kennen. Sie finden sie in kurzer Zeit überzeugend. Doch sind die Geburtswehen manchmal sehr schwer. Worauf ich also bei mir und anderen aufmerksam wurde, ist der starke und zähe Widerstand des Unbewußten gegen diese Gespräche. Er zeigt, wie tief die Zwiegespräche gehen. Sie lohnen sich. Ich habe erlebt, daß wir mit ihnen für unsere Liebe wirklich etwas tun können. In einer liebesbehindernden Gesellschaft, in der eine gute Beziehung spontan nur schwer gelingen kann, bleibt uns kaum etwas anderes übrig, als für den «Liebesunterhalt» ebenso zu arbeiten wie für den Lebensunterhalt. Doch eben diese seelische Arbeit wird unbewußt gelähmt. Es kommt zu einer Art von innerem Boykott, der dem Widerstand gegen eine aufdeckende psychoanalytische Therapie gleicht. Das ist verständlich: wir wollen der Angst, die wir – meist gemeinsam – gut abgewehrt haben, nicht gern begegnen. Andererseits:

beziehungsbehindernde Probleme lösen wir nicht, indem wir sie vermeiden.

Was tun? Sehr häufig entsteht eine Situation, in der der eine das Zwiegespräch will, der andere nicht. Wenn dann der, der dafür ist, hilflos klagt, es sei eben nichts zu machen, werde ich besonders hellhörig. Meist hat er nicht ruhig und klar sein Ja vorgebracht und auf einer Klärung der Lage bestanden. Er hat einfach aufgegeben. Dadurch wird er zum Komplizen des Nein. Es ist also nötig, mit dem Ja geduldig und ausdauernd zu bleiben und die Angst im Nein zu respektieren. In fast allen Fällen übrigens verteilt ein Paar die Zwiespältigkeit beider Partner, also die in jedem vorhandene Mischung aus Dafür und Dagegen, in die scheinbar gegensätzlichen Einstellungen: Der eine ist pro, der andere contra, obwohl eigentlich beide beides sind.

Es gibt eine praktische Lösung für den Fall, daß der Widerstand die Zwiegespräche gar nicht erst zustande kommen läßt: *Vorgespräche* über Zwiegespräche. Darauf kann man sich leichter einigen. Thema dieser Klärungsgespräche ist: Was verstehe ich, was verstehst du unter Zwiegesprächen? Wollen wir sie machen? Wenn ja, wie? Die Vorgespräche klären also das Arbeitsbündnis. Vor allem aber kommen alle möglichen behindernden Vorbehalte nach und nach zur Sprache. Sie lassen dadurch nach. So wird der Übergang zu den Zwiegesprächen sanfter. Dein Michael

Elfter Brief

Liebe Celia,
in den Vorgesprächen kommt meist die Frage auf, was Zwiegespräche denn bedeuten. Petra sagt, sie fühle sich dabei sogar anders als bei wesentlichen Gesprächen, die

sich auch sonst ergäben. Der Unterschied liege in der Art, wie jeder zu sich selbst Beziehung aufnimmt: entschiedener, tiefer, offener, beobachtender, riskanter, spontaner, träumender. Mir leuchtete das sofort ein, obwohl ich mir über diesen Unterschied noch nie Gedanken gemacht hatte.

Ich wurde an einen Satz aus der chassidischen Lehre erinnert: «In jedermann ist etwas Kostbares, das in keinem anderen ist.» Das klingt kitschig in einer kapitalistischen Gesellschaft, die vor allem unsere geldgleiche Arbeitskraft im Auge haben muß. Doch in der Freundschaft und in der Liebe spüren wir die Wahrheit dieses Satzes noch. Martin Buber sagte dazu: «Was aber an einem Menschen ‹kostbar› ist, kann er nur entdecken, wenn er sein stärkstes Gefühl, seinen zentralen Wunsch, das in ihm, was sein Innerstes bewegt, wahrhaft erfaßt.» Genau das scheint mir die Leitlinie für das Zwiegesprächspaar zu sein. Deshalb verändert das Gespräch vor allem auch die Beziehung zu sich selbst. Das ist wohl seine Hauptwirkung.

Dabei komme ich noch einmal auf eine hartnäckige Illusion: So sehr wir es auch wünschen, wir können den anderen nicht verändern; er kann sich nur selbst verändern. Wir können glücklich sein, wenn es uns gelingt, uns selbst zu verändern. Dadurch entstehen andere Bedingungen in der Beziehung – etwa größere Offenheit. Nur auf diesem Wege bewegen wir auch den anderen.

Heute nenne ich die Zwiegespräche gern den «Austausch von Selbstporträts». Wenn das beiden klar ist, kann sich keine sogenannte «Beziehungskiste» entwikkeln. Ich meine jene ermüdenden Diskussionen, in denen sich besonders gebildete, verbal hochtrainierte Menschen mit Worten zerfleischen. Wenn es im Zwiegespräch dahin kommt, ist das Unbewußte behindernd dazwischengefahren. «Beziehungskisten» stellen wir mit unbewußter Absicht und durch genau dazu passende Handlungen selbst her: durch ständige wechselseitige Übergriffe zum Beispiel, durch Kolonialisieren, durch Nicht-ausreden-Lassen oder Zum-Reden-bringen-Wollen, kurz: durch den Drang, den anderen zu überwältigen und ihn sich einzuverleiben. Läuft ein Zwiegespräch einmal so ab, hat das Paar einen gemeinsamen Widerstand aufgebaut. Dahinter steht ein starker, geradezu kannibalistischer Trieb, eine orale Aggressivität, die starke Schuldgefühle hervorruft. Wir verzehren und bestrafen uns gegenseitig zugleich in solchen Wortkriegen. Sie sind fast bei jedem Paar an der Tagesordnung. Wenn wir das Aufkommen dieser Auseinandersetzung gut beobachten, ihre Fruchtlosigkeit zur Genüge erleben und sie als gemeinsame Abwehr der andrängenden Themen verstehen, ist ihre Auflösung einfacher, als wir zunächst denken. Dein Michael

Zwölfter Brief

Liebe Celia,
die Hauptwiderstandsform zeigt sich im Ausfall vereinbarter Termine – aus tausend Gründen. Ein Ausfall kann natürlich auch einmal ohne Widerstand geschehen. So hat es sich als günstig erwiesen, von vornherein eine feste Ersatzzeit zu vereinbaren. Sie erspart das strapazierende Hickhack und garantiert die Regelmäßigkeit. Klare Vereinbarungen lassen zudem deutlicher erkennen, wann man sie bricht. Damit ist wenigstens die unbewußte Gegenströmung nicht mehr zu vertuschen.

Wenn einer nach wenigen Minuten Zwiegespräch aufspringt und mit den Worten weggeht: «Jetzt reicht es mir schon!» ist der Widerstand, die nicht bewußte Angst, offenkundig. Weniger deutlich wird er bei Kürzungen der vereinbarten Zeit. Abkürzen ist sehr verdächtig und sollte als eine Mitteilung des Unbewußten aufgefaßt werden.

Zum Widerstand gehört aber auch die Neigung, Zwiegespräche mißzuverstehen. So heißt es: «Das ist nur Reden über das, was doch nicht geschieht.» Dieses folgenlose, vom Leben abgehobene Reden ist nicht gemeint. Und es tritt auch nicht ein. Wer selber Zwiegespräche erlebt, spürt das sofort. Manche unterstellen, Zwiegespräche könnten zum Lebensersatz werden. Das wäre schon rein zeitlich absurd. Zwiegespräche können das gemeinsame Leben entwickeln, aber nicht ersetzen.

Andere denken, jetzt werde nur noch in solchen strukturierten Zwiegesprächen das Wesentliche gesagt, dem normalen Austausch würde dadurch das Wasser abgegraben. Das Gegenteil ist der Fall: diese Zwiegespräche bewirken nach und nach, daß auch die üblichen Gespräche, etwa bei Tisch, sich vertiefen, weil das Gefühl für Wesentliches auf beiden Seiten entwickelter ist.

Ein Einwand greift zu dem Satz des französischen Staatsmannes Talleyrand: «Die Sprache ist dem Menschen gegeben, um seine Gedanken zu verbergen.» Ich frage Dich: Wollte Talleyrand mit diesen Worten verbergen, daß die Sprache Gedanken auch offen mitteilen kann? Selbstverständlich kann ich wortreich eine durchgängige Abwehr aufbauen. Das gelingt sogar mit Träumen oder Gesten. Wenn die Sprache aber fähig ist, Gedanken zu verbergen, ist sie auch fähig, sie zu enthüllen. Eines erzeugt das andere. Es geht im übrigen in den Zwiegesprächen weder um die Sprache noch um die Gedanken, sondern um das Erleben dessen, was zwischen zweien geschieht. Aber das weißt Du ja schon.

Portugiesen sollen ein so reiches Gefühls- und Phantasieleben haben, daß sie ein Umsetzen in die Tat fast überflüssig finden. Wenn Du jetzt nach Portugal gehst, wirst Du vielleicht bemerken, daß Deine Landsleute das Wesen der Zwiegespräche leichter begreifen als die meisten Deutschen – aber sie noch weniger verwirklichen. Das haben wir ja auch selbst erlebt. «Ich schulde meinen Träumen noch mein Leben», las ich einmal. Es war auf einen Spiegel gesprüht. Für wen trifft das nicht zu? Vielleicht klingt mir deswegen der Reim von Erich Kästner so wahr in den Ohren: «Es gibt nichts Gutes, außer man tut es!»

Dein Michael

Mein gegenwärtiges Bild der Zwiegespräche

«Ohne Du ist das Ich unmöglich.»
Friedrich Heinrich Jacobi, 1785

Zwiegespräche sind nicht; sie werden erst. So besehen entfalten sie sich schließlich zum Gegenteil einer Diskussion, was wörtlich übersetzt und treffend «Auseinanderschlagen» bedeutet.

Als Austausch von Selbstporträts gründen Zwiegespräche auf freier Selbstdarstellung, die erstmals durch die Psychoanalyse in die sonst anordnende Medizin eingeführt wurde (Alfred Lorenzer). Das Vorgehen entspricht dem «herrschaftsfreien Dialog» (Jürgen Habermas). Die Wirkungen ähneln denen eines aufdeckenden Verfahrens: was unabhängig von der Beziehung scheint, erweist sich als abgespalten. Stereotypien, die sich ständig wiederholen, bewußtlose Gewohnheiten, die wie selbstverständlich scheinen, geraten in Bewegung und verflüssigen sich. Unerschlossenes wird erschlossen, Unbewußtes bewußt. Nach und nach erlebt das Paar die Beziehung als ganze Gestalt, die dem gemeinsamen Unbewußten (der «Kollusion» Henry Dicks' und Jürg Willis) entspringt.

Die harmlos scheinenden Zwiegespräche gehen sehr tief. Deshalb werden sie so stark abgewehrt. Wer sich zu ihnen entschließt, zieht auch aus, das Fürchten zu lernen. Das heißt: angstfähig zu werden.

Soweit eine persönliche, intime Paarbeziehung – oder gar die Liebe – in der unpersönlichen Arbeitswelt und Massengesellschaft heute vor allem die Aufgabe erfüllt, die Selbstdarstellung des Ich durch das Du zu bestätigen (Niklas Luhmann: «Validierung der Selbstdarstellung»), sind Zwiegespräche eine Weise, die eigene Identität zu entwickeln. Wir erkennen nichts allein (Friedrich Nietzsche: «Die Wahrheit beginnt zu zweit»). Wir erkennen nur in der Beziehung. Vor allem uns selbst. Aus der Entdeckung des Du entsteht das Bewußtsein des Ich. Zwiegespräche folgen dem «dialogischen Prinzip» (Martin Buber). Sie sind eine intensive Form der erkennenden Beziehung. Sie dienen der Selbsterkenntnis und auch der Selbstbestimmung.

Weil jeder bei sich bleibt, wenn er sich auf den anderen bezieht, vertieft sich die Bindung. Nur so schwindet die übliche Kränkung durch das Anderssein des anderen. Sich-Mitteilen verwandelt das unbemerkte Nebeneinander in ein lebendiges Miteinander. So wirken die Zwiegespräche als seelisches Aphrodisiakum.

Ihr Geheimnis ist die Grundordnung. Folgerichtig ist sie der Stein des Anstoßes. «Zu künstlich» erscheint diese Grundordnung vielen am Anfang. Doch ist sie begründet: die gemeinsame Vereinbarung löst sie ab von jenen Streit- oder Dringlichkeitsfällen, die sonst der übliche Anlaß zu Paargesprächen sind – ich meine jenes meist heftige Aufeinandereinreden zu einem Zeitpunkt, an dem die Bereitschaft, vom anderen zu lernen und sich selbst zu ändern, denkbar gering ist. Die begrenzte Dauer der einzelnen Gespräche erlaubt die unbegrenzte Entwicklung. Die Regelmäßigkeit und das erklärte Ziel, bei sich zu bleiben, unterscheiden Zwiegespräche von anderen wesentlichen Gesprächen mit Freunden.

Die Partner eines Zwiegespräches bilden die Zweierform einer Gesprächsselbsthilfegruppe. Nahezu alle Gesetzmäßigkeiten der Gesprächsgemeinschaften (Moeller 1978, 1981) gelten auch für sie.

Zwiegespräche können nicht das Leben ersetzen – jeder weiß es –, aber sie können es beleben.

«Wir wollen lieben, aber wir wissen nicht wie»

Zur Psychoanalyse von Paarbeziehungen und sexuellem Erleben

für Petra

In stiller Nacht und monogamen Betten
denkst du dir aus, was dir am Leben fehlt.
Kurt Tucholsky*

Der Titel «Wir wollen lieben, aber wir wissen nicht wie» variiert einen Ausspruch des Psychoanalytikers Sandor Ferenczi. Er sagte «Sie wollen sich lieben, aber sie wissen nicht, wie» zu den psychisch Gestörten, Suizidalen und Verwahrlosten. Da ich der Meinung bin, daß wir mehr oder weniger alle dazu gehören, habe ich das auf mich und auf uns bezogen.

1. «Die Liebe ist das Kind der Freiheit.»
Diese Freiheit macht uns angst.

«Die Liebe ist das Kind der Freiheit». Dieses altfranzösische Sprichwort sagt, worum es geht: Da wir in äußerer wie in innerer Unfreiheit leben, finden wir sehr schlechte Liebesbedingungen vor. Die Selbstverständlichkeit, mit der wir mehr fernsehen als Liebe machen, ist an Trostlosigkeit nicht zu übertreffen. Eine gelungene Liebe in einer mißlungenen Gesellschaft ist schwer vorstellbar.

Über die Liebe ist also nichts Liebes zu berichten. Es wäre vielleicht angemessener für unsere heutige Situation, wenn wir über den Haß sprächen. Denn der Haß ist die Enttäuschungsform der Liebe. Sowohl die Paarbeziehung wie unser sexuelles Erleben ist durch und durch gesell-

* Kurt Tucholsky: «Ideal und Wirklichkeit» in: Gesammelte Gedichte. Reinbek (Rowohlt) 1983, S. 666.

schaftsgestaltet. Ich arbeite als Psychoanalytiker zwar mit meinen Klienten an dem, was wir intrapsychisch nennen. Doch ist diese Binnenseele viel umfassender gesellschaftliches oder politisches Produkt, als wir zunächst meinen. Viel Hoffnung bleibt da nicht. Der Rückzug auf das biologische Fundament gleicht einer Flucht. Doch selbst in einer Zeit, in der die Möglichkeit einer globalen Auslöschung das gesamte Bewußtsein verändert hat, habe ich einen Hoffnungsrest nicht aufgegeben. Ich möchte daher auch möglichst wenig in der Theorie bleiben und hoffe, mit dieser Arbeit konkret im Leben etwas bewirken zu können.

Das Thema ist mir ziemlich unter die Haut gegangen. Meine Ängste, meine Lüste, mich selbst kann und will ich nicht heraushalten, obwohl ich als Psychoanalytiker die Abstinenzregel beachtenswert finde. In den Fallbeispielen habe ich selbstverständlich die Namen, auch meinen, geändert. Mich hat überrascht, wie stark mich die Auseinandersetzung mit dem Thema gefühlsmäßig beeinflußt hat. Ich möchte nur ein Beispiel nennen – als ersten Beitrag zum sexuellen Erleben.

Als ich während der Vorbereitung zu diesem Bericht «Der heilige Eros» von Georges Bataille mit geradezu verschlingendem Interesse bis tief in die Nacht hinein las, war der kurze verbliebene Schlaf von ängstlichen Wachträumen unterbrochen. Bataille entwickelt eine Perspektive des erotischen Lebens, die mir nahegeht und mit der ich tief übereinstimme – trotz großer Vorbehalte gegen die «Mystifikation des Sexuellen» (Sigusch). Das wahre Ziel des sexuellen, erotischen Lebens, «der Körper, der Herzen und des Geistes», meint er, ist die große Vereinigung, die Aufhebung der Gegensätze, die Verschmelzung, das Übergehen aus dem Geteilten, Diskontinuierlichen in das große sozusagen kosmische Kontinuum. Darin sind Liebe und Tod identisch. Die eigene Individualität geht unter – aber nicht so, daß sie in einer pathologischen Symbiose ohne endgültige Individuation hängenbleibt. Und genau dieser Untergang des Ich, die Verschmelzung, diese Angst vor der Tiefe und die damit verbundene Vereinigung der männlichen und weiblichen Erotik in mir selbst, meine ich, löste die Serie unangenehmer Unterbrechungen aus und ließ mich nicht in die Tiefe des Schlafes fallen – symbolisch vielleicht für das Kontinuum.

Als ich nun aber mit derselben nächtlichen Unermüdlichkeit, die bekanntlich die Abwehr dünner werden läßt, einen mir sehr bedeutsam erscheinenden Text von Soziologinnen und Soziologen der Berliner Technischen Universität zur Hand nahm, «Maschinen-Menschen, Mensch-Maschinen» (Bammé et al.), war meine Reaktion ganz anders: Ich schlief wie ein Stein. Das Bild kam mir nicht zufällig. In diesem Text wird nämlich abgeleitet, daß die Erfindung der Maschine der maschinellen Dimension unseres Denkens entspricht. Diese Dimension ist voll entwickelt im autistischen Menschen. Er bannt die Gefährlichkeit seiner Gefühle, indem er sie ausschließlich mit technischen Geräten identifiziert. Er macht sein Erleben zu handhabbaren Maschinen. – Offensichtlich beruhigte mich dieser Text – gleichsam gegen meinen Willen, denn ich war auch erschrocken, daß er mich beruhigte.

Der historische Beginn dieser technischen Haltung war etwa der Augenblick, an dem wir den Körper im Sinne einer komplexen physiologischen Maschine als grundsätzlich unbelebt ansahen. Die sogenannte Organmedizin fußt auf diesem autistischen Konzept eines Körpers, der im Falle der Erkrankung zu reparieren ist und letztlich durch künstliche Prothesen fast gänzlich ersetzt werden kann. Wir haben fast alle eben dieses Bild von unseren Körpern. Wie aber, frage ich mich, schlafen wir dann miteinander – mit so einer von uns meist unbemerkten maschinisierten Körpervorstellung? Ich kann doch nicht einerseits zum Arzt gehen und von ihm erwarten, daß er mit einer Pille einen Enzymdefekt repariert, und dann im Liebesbett behaupten, mit diesem Maschinenkörper erlebte ich nun das volle Leben. Wie ich das hinkriege, ist mir ein Rätsel.

Ich denke, wir behelfen uns in der Regel mit einer Zweiteilung: Da gibt es eben die sachlich-fachlich-technische Vorstellung und die andere, die wir mit unseren Gefühlen, mit unserer Identität erleben. «Ich habe keinen Körper, ich bin mein Körper», lautet ein Wahlspruch der Frauenbewegung in Boston. Das ändert nicht viel daran, daß wir in der Regel spalten. Warum? Ich meine, weil wir Angst haben: vor dem Trieb, vor der Liebe, vor dem Tod, vor dem Untergang der sogenannten Individualität, obwohl sie ohnehin weitgehend Illusion ist; ich meine letztlich: weil wir Angst haben vor der Beziehung. Ich glaube, daß der Text von Bataille mich in diese Angst hineingezogen und der Text der Berliner Soziologen mich gegen diese Angst abgeschirmt hat.

Am liebsten wäre mir gewesen, ich hätte es riskiert, das Thema «Sexuelles Erleben in Paarbeziehungen» als meinen ganz eigenen persönlichen Weg darzustellen. Bezeichnenderweise fiel mir das erst nachträglich ein. Das dürfte wohl mein – und vieler Kollegen – erstes Angstabwehr-Symptom sein.

Dieses Beispiel meiner Angst und Beruhigung zeigt, daß eine wissenschaftliche Arbeit über ein solches Thema problematisch ist. Da wird schon alles abgewehrt, wenn ich wissenschaftlich zu sprechen beginne. Das Thema ist von vornherein im Griff, schon fast verschwunden. Das ist ein Dilemma. Ich weiß jedoch zur Zeit nicht, wie ich es anders machen könnte. Denn manchmal habe ich das Gefühl, selbst wenn ich es in nichtwissenschaftliche Worte faßte, sei es schon verdunstet.

Meine persönliche Betroffenheit durch dieses Thema enthält ein weiteres Problem. Denn mit diesem Bericht beteilige ich mich an einem öffentlichen Diskurs über Sexualität. In ihm werden absichtlich oder unabsichtlich Normen gesetzt. Michel Foucault hat deutlich gemacht, daß diese Methode als Machtstrategie jede Sexualunterdrückung in den Schatten stellen kann. Die psychosexuellen Reifevorstellungen der Psychoanalyse, die meines Erachtens in kritischer Form den Diskurs über Sexualität am konsequentesten verfolgt hat, macht da kaum eine Ausnahme. Vor direkten oder indirekten Reifebehauptungen ist also besonders zu warnen. Sie begründen meist eine Normopathie, in der das Normale pathologisch ist.

Ich halte meine eigenen Reifevorstellungen lieber für die Verbrämung dessen, was mir insgeheim paßt. Sie stellt für mich eine Abwehrorganisation dar. Bei anderen habe ich nichts wesentlich anderes wahrgenommen. Meine Reifevorstellungen schützen mich vor meinen Ängsten und fördern meine Lüste. Was ja nicht schlecht ist. Aber sie gelten nur für mich. Sie sollten nicht gleich als allgemeingültiges Konzept zur Kolonialisierung von anderen dienen. Jeder spürt unbewußt genau, ob er reif ist oder nicht, ob er also als ganzer Mensch lebt oder wesentliche Anteile von sich abgespalten in der Verdrängung hält. Aber das ist schon meine erste Reifebehauptung. Jeder hat bewußt oder unbewußt seine eigenen, ihm gemäßen Vorstellungen. Ich betone das so sehr, weil Sexualität mit Angst verschwistert ist. Und es ist die eigene Angst, die uns zu Reifebehauptungen über andere zwingt. Das wird mir im folgenden nicht erspart bleiben. Denn ich habe selbst auch Angst in der Liebe.

Angesichts der schlimmen, der brutalen gesellschaftlichen Verhältnisse, die letztlich die Behausung für unsere Liebe ist, wird meine Neigung groß, schwarzzusehen. Trotz weltweitem Hungertod, Aufrüstung, Septemberweizen, Bluternte und der festgeschriebenen sozialen Ungerechtigkeit habe ich aber die Hoffnung auf Liebe nicht ganz aufgegeben. Allerdings scheint mir die Gefahr dabei groß, unversehens in die erwähnte «Mystifikation des Sexuellen» zu geraten. Die Liebe wird oft hochgehalten und warmherzig beschrieben, um die Kälte der Gesellschaft gleichzeitig zu kompensieren wie zu verschleiern. Dabei ist Entfremdung, Kälte, Distanz und Sachlichkeit längst schon in der Liebe selbst zu finden. Daß wir von gesellschaftlichen Zusammenhängen in der Liebe so ungern hören, liegt vielleicht nicht nur an den abstrakten und meist dunklen Texten der Soziologen. Vielmehr entspricht die «Laßt-mich-damit-in-Ruhe-Haltung» genau der Entfremdung der Menschen voneinander. Daß die Entfremdung unbemerkt mit ins Bett steigt, zeigt unter anderem das folgende Beispiel, in dem es einem Paar über Jahre des gemeinsamen Lebens nicht gelang, sich das mitzuteilen, was sie aneinander erlebten.

2. Was ich erotisch erlebe, ist Symptom der unbewußten Beziehung.

Ein Paar kommt in die Psychotherapeutische Poliklinik. Thomas und Brigitte sind um die Dreißig, beide berufstätig und seit fünf Jahren verheiratet. Sie wollen ein Baby, sagen sie, aber es klappe nicht. Nach drei Jahren Ehe – also vor zwei Jahren – hätten sie einen Frauenarzt aufgesucht, weil Brigitte eine zu enge Scheide gehabt hätte. Der Gynäkologe habe diesen Befund bestätigt und eine operative Erweiterung der Vagina durchgeführt. Es habe sich aber danach leider nichts geändert. Erst viel später bei einem weiteren Arztbesuch sei zur Sprache gekommen, daß es sich wohl um einen seelisch bedingten Scheidenkrampf handele. Mit der Diagnose Vaginismus seien sie nun hierher überwiesen worden.

Im ersten Gespräch von anderthalb Stunden wurde diese Diagnose nicht nur bestätigt. Vielmehr gelang es der Frau erstmals, ihr sexuelles Erleben mit dem Krampf ihrer Scheide in Zusammenhang zu bringen: Sie hatte Angst, daß der Penis in ihr etwas zerstören könne. Zudem wurde deutlich, daß sie eine trotzige Neigung hatte und – wie sie sagte – «schnell dichtmachte», «um so Ärger auszudrücken».

Es war für das Paar entlastend, über sexuelle Intimitäten offen sprechen zu können. So konnte sich ein bisher für Brigitte und Thomas verlorener Zusammenhang zwischen dem Symptom und ihrem erotischen Erleben wieder herstellen. Um die bedrohliche Situation zu mildern, kamen die Partner zunächst überein, es «mit der Hand zu versuchen».

In der zweiten Sitzung berichtete Brigitte glücklich, daß sie einen ersten intensiv erlebten Orgasmus ohne jedes Anzeichen von Vaginismus gehabt habe. Doch war in den vergangenen vierzehn Tagen nun eine überraschende Symptomverschiebung innerhalb des Paares aufgetreten: Thomas entwickelte zu seiner Verwunderung einen Krampf in der rechten Hand, mit der er Brigitte stimuliert hatte. So war eine Wiederholung unmöglich. In dieser Lage war es nicht schwer, dem Paar aufzuzeigen, daß der Vaginismus von Brigitte auch Thomas geschützt hatte – zunächst vor seiner Angst, Brigitte sadistisch zu verletzen. Thomas mußte das Symptom entwickeln, als sich bei Brigitte die Störung legte. Schon nach der dritten Sitzung konnten die beiden erstmals befriedigend miteinander schlafen. Ein Vierteljahr später schrieben sie mir, ein Baby sei unterwegs. Natürlich ist eine Paarbehandlung selten so kurz und erfolgreich. In der Regel dauern etwa Paargruppenanalysen zwei bis drei Jahre.

In diesem Fallbeispiel ist vieles enthalten. Ich möchte nur wenige Momente herausgreifen und in diesem Falle selbst die verheerende Verkennung des Frauenarztes, symptomatisch für eine rein organzentrierte Medizin, beiseite lassen. Es wird deutlich, daß Brigittes Vaginismus nicht allein ihr Symptom ist. Er ist vielmehr Signal der unbewußten Beziehung zwischen Brigitte und Thomas. Er schützt beide vor einer gemeinsamen Angst. Das ist kein Spezialfall. Denn wie mit dieser Angst geht es uns mit allen anderen glücklichen oder unglücklichen Empfindungen des sexuellen Erlebens. Faszination, Eifersucht, Zärtlichkeit, Haß, Anklagen, Hilflosigkeit und Dominanz – sie sind nur im Zusammenhang mit dem Erleben des Partners zu verstehen. Die Situation im Song der Musikgruppe Trio «Ich liebe dich, du liebst mich nicht» ist grundsätzlich anders als eine Beziehung, in der es heißt: «Ich liebe dich, und du liebst mich», weil der Liebende bei Trio mit seiner Partnerin die Aufteilung der eigenen Ambivalenz auf zwei Rollen mitbetrieben hat. Liebe ist demnach nicht gleich Liebe, ein Gefühl mit dem gleichen Gefühl nicht ohne weiteres identisch. Die jeweiligen Empfindungen des Partners gehören mit zu dem seelischen Ganzen. Denn es geht nicht um die bewußte Beziehung, sondern vielmehr um den riesigen Raum der unbewußten Beziehung. Untersuchungen haben ergeben, daß die unbewußte Wahrnehmung etwa zehnmal umfangreicher ist als die bewußte (Kubie). Was wir also als Liebende voneinander bewußt wahrnehmen, ist etwa ein Zehntel dessen, was sich unbewußt tatsächlich abspielt.

Betrachten Sie einmal Ihre Partnerin oder Ihren Partner. Und stellen Sie sich vor: Sie nehmen zehnmal mehr von ihr oder ihm wahr, als Ihnen im Moment bewußt ist, und umgekehrt. Mit einem Schlag wird Ihnen klar, wie wenig Sie auf Ihr Bewußtsein zählen können.

Bestenfalls begleitet das Bewußtsein mit Interesse die unbewußt gesteuerte Entwicklung der Beziehung. In der Regel aber schaltet es ab und tut so, als ob es diese Abhängigkeit vom Unbewußten, diese ungewöhnliche Relativierung und Kränkung unseres Bewußtseins, nicht gäbe. Wer das Unbewußte ernst nimmt, wer sich über die zehnfach größere Wahrnehmungsleistung des Unbewußten gegenüber dem Bewußten klar ist, muß alle Erscheinungen innerhalb eines Paares als Ergebnis des gemeinsamen unbewußten Handelns auffassen (Dicks, Willi, Schafer). In diesem gemeinsamen unbewußten Handeln ist die Lösung des Rätsels unserer Liebesschicksale zu sehen. Der bewußte Verstand ist aus diesem gewaltigen Umfang des schnellen, vielfältigen, sehr komplexen unbewußten Kommunizierens ausgeklammert. Und das ist auch der wirkliche Boden für die meist weibliche Auffassung, sich auf die eigenen Gefühle zu verlassen. Denn die Gefühle reichen viel tiefer in den unbewußten Raum. Allerdings können auch in ihnen durch unbewußte Ängste viele Verzerrungen auftreten. Die schwierige Frage für uns ist dann, ob es sich um tiefe, authentische oder um abwehrende Gefühle handelt. Ich glaube, daß uns diese Unterscheidung möglich ist.

Vor allem aber haben wir erheblich umzulernen. Denn wir können uns innerhalb einer Beziehung – und wann sind wir im Leben außerhalb von Beziehungen? – nicht als autonomes Individuum verstehen. In einem Satz gesagt: «Ich fühle nur solange, wie ich jetzt fühle, solange du so fühlst, wie du fühlst. Wenn du dich änderst, ändert sich mein Gefühl und umgekehrt.» Dieser Gedanke einer tiefen wechselseitigen Abhängigkeit wird in der Regel nicht akzeptiert. Er macht zuviel angst. Der Verlust an Eigenständigkeit ist zu groß. Er wird vermieden durch Spaltung des Paares in zwei unabhängige Partner, die allenfalls aufeinander einwirken. Auch die Psychoanalyse, in der diese Erkenntnisse entwickelt wurden, tut sich damit schwer, weil sie auf dem scheinbar individuellen lebensgeschichtlichen Unbewußten aufbaut und die Beziehungsdimension stets nur von der einen Hälfte, von *einem* Menschen aus sah. Mit einem Schlagwort gesagt: «Am Anfang war die Beziehung.» Alle sexualwissenschaftlichen Daten müssen sich befragen lassen, ob die Beziehung und das Unbewußte in ihnen enthalten sind. Denn das würde diesen Daten erst ihre wahre Bedeutung geben. Sie sind es in der Regel nicht.

3. Weil wir, Männer und Frauen, und unsere am Leben enttäuschte Mutter uns seelisch nicht voneinander lösen können, haben wir das phallozentrische Weltbild mit Penisneid und Penisstolz geschaffen.

Wegen seiner zentralen Bedeutung für das heutige sexuelle Erleben möchte ich auf den Penisneid und seine Entstehungsgeschichte im unbewußten Zusammenspiel von Mann und Frau ausführlicher eingehen.

Ida sagt: «Wenn man das hat (den Penis), hat man alles, man fühlt sich geschützt, es kann nichts mehr passieren ... Man ist, was man ist, die anderen müssen einem folgen, einen bewundern ... Es ist eine absolute Macht, sie (Männer) stehen nie unten, auf der Stufe der Bedürftigen, sie kennen keinen Liebesmangel. Die Frau? Unvollständigkeit, ewige Abhängigkeit, die Rolle der Vestalin, die das Herdfeuer hütet.»

«Ich weiß nicht, woher dieses Gefühl kommt», sagt Agnes. «Es entspricht überhaupt nicht der Realität, aber für mich war es schon immer so. Als wäre nur der Mann dafür geschaffen, sich selbst zu verwirklichen, Meinungen zu haben, sich zu bilden, weiterzukommen. Bei ihm scheint alles natürlich und einfach ... Eine Kraft, die nichts, nichts aufhalten kann ... Er kann alles, was er will. Ich strample mich ab, ich zögere, ich stehe da, wie vor einer Mauer ... Ich habe immer das Gefühl gehabt, daß ich nicht ganz fertig bin. Wie eine Statue, die darauf wartet, daß der Bildhauer ihr endlich die Arme macht.»

Yvonne, ein kleines Mädchen, war von Anfang an überzeugt, daß die Jungen «alles können» ... Sie sprechen sofort alle Sprachen ... Sie könnten alle Kerzen aus der Kirche mitnehmen, und niemand würde sie daran hindern. Wenn sie jemals auf ein Hindernis stoßen, werden sie spielend damit fertig.

Diese Beispiele stammen von der französischen Psychoanalytikerin Maria Torok, die sich eingehend mit dem Penisneid befaßt hat und ihn neu interpretierte. Es ist von Bedeutung, daß es nicht um den Penis geht, sondern um die Idealisierung des Penis. Der heftig diskutierte Penis neid der Frau verursacht im bittersten Sinne viel Lärm um nichts. Denn es geht um eine großartig angelegte Ablenkung vom Nichts in uns. Meistens gehört dazu auch der vergleichsweise oberflächliche Protest gegen den Penisneid. In längeren Therapien zeigt der Neid sich oft doch am Boden einer solchen Empörung. Dem Penisneid entspricht in der Beziehung der Penisstolz des Mannes. Am Penisneid der Frau ist der Mann ebenso interessiert wie die Frau am Penisstolz des Mannes. Beide verstärken sich wechselseitig. Beide zusammen machen eine pseudophallische Kollusion aus. Sie konstelliert den Männlichkeitswahn und das herrschende phallozentrische Weltbild im Unbewußten.

Ich kann hier die sehr differenzierte Analyse von Maria Torok nur grob wiedergeben. Soviel vorweg: «Es mag auf den ersten Blick paradox erscheinen, aber beim ‹Penisneid› ist nichts weniger wichtig als der Penis selbst» (Torok, S. 195). Für den korrespondierenden Stolz gilt dasselbe. Denn der Penis ist hier Fetisch, leere Hülle. Die Verehrung des Penisdinges ist eine uns fast alle betreffende Notlösung. Er entspringt unserem erotischen Elend, das im ärgsten Kontrast zum Glanz dieses vergoldeten Phallus steht. Die Analyse der Entstehungsgeschichte des Penisneides und Penisstolzes ist doppelt bedeutend. Sie betrifft erstens das zentrale Phänomen des gegenwärtigen erotischen Lebens und gibt zweitens einen Einblick in die zahllosen Verflechtungen unseres erotischen Erlebens. Wir machen es uns zu einfach, wenn wir den Penisneid als berechtigten Neid auf die männlichen Privilegien verstehen – oder behaupten, er sei nur das hilflose Pendant zum ständig unterschlagenen Gebärneid.

Knapp zusammengefaßt entsteht der Penisneid bei der Frau, weil der Mutter und der Tochter eine reife wechselseitige Ablösung nicht gelingt. Die Mutter braucht das Kind als Ergänzung ihres leeren Selbstes, als Plombe, als Lückenbüßer. Die Tochter ist «Zubehör der Mutter», wie Maria Torok bezeichnenderweise mit einem Begriff aus der Technik formuliert. In der frühkindlichen Entwicklungsphase, in der die Tochter selbständig werden soll, in der analen Phase, beginnt das Drama. Die Mutter will aus eigener Not die Tochter nicht freigeben. Die Tochter kommt in eine seelische Lage, sich die Potenz, die ihr verweigert scheint, aus dem Inneren der Mutter rauben zu müssen. Diese Mutterplünderung – in der kindlichen Welt das fleischliche Eindringen in ihren Leib – bedeutet letztlich die Zerstörung der Mutter. Das aber will die Tochter nicht auf sich nehmen. Starke sadistische Schuldgefühle blockieren sie. Dem entspricht später im Erwachsenenalter, daß sie sich ihr «Recht, zu handeln und zu werden» kaum noch zugestehen kann.

Aus der Entwicklungsblockade in der analen Zeit resultiert ein zweites Dilemma: Die Tochter kann nämlich auch die nächste, die ödipale Phase, nicht angemessen durchleben. Sie ist ein sich leer fühlendes Anhängsel der Mutter. In Konkurrenz um den Vater müßte sie die Mutter als Rivalin noch einmal zerstören, um sich mit ihr identifizieren zu können. Das verdoppelt ihren unbewußten Gewissensdruck. Ihr fehlen somit in der seelischen Entwicklung und für ihr sexuelles Erleben drei wesentliche Identifikationen: Mit der analen wie mit der ödipalen Mutter und mit dem Vater. In dieser Verarmung, die letztlich der Bedürftigkeit der Mutter entspricht, bietet die Beneidung des Penis einen Ausweg: Er stellt – wie die zitierten Beispiele deutlich zeigen – fetischartig jene Lebenspotenzen dar, die sich die Tochter der Mutter nicht zu entreißen traut. Und er bietet gleichzeitig die Nähe zum Vater, die sie kraft eigener Entwicklung nicht erreicht.

Die beiden zentralen Ängste sind damit umgangen: die Angst, die anale Herrschaft der klammernden Mutter zu brechen, und die Angst, sie als Rivalin in der Liebe zum Vater anzugreifen. Auch diese Ängste sind letztlich ein Beziehungssymptom. Sie entstehen diesmal aus dem Verhältnis von Mutter und Tochter. Die Mutter fördert aus ihrer Rolle heraus unbewußt diesen Ausweg in den Penisneid. Sie möchte der doppelten Zerstörung durch die Tochter entgehen. Und sie kennt diesen Ausweg ja auch selbst als Tochter ihrer Mutter.

So muß der Penisneid – wie alle Symptome im Seelenleben – in der Mehrgenerationenperspektive gesehen werden. Wir erleben sexuell und in anderen Bereichen nicht nur unsere eigene Geschichte, sondern weite Erlebnisräume unserer Vorfahren.

Der Penisstolz beim Mann und damit das offene oder verdeckte Interesse des Mannes am Penisneid der Frau entsteht ebenfalls aus der Auseinandersetzung mit der Herrschaft der analen Mutter. Denn auch der Sohn wird von der Mutter festgehalten. Doch hat er günstigere Bedingungen, seine doppelte Angst zu vermeiden. Wie die Tochter ängstigt sich der Sohn, der Mutter die vermeintlich vorenthaltene Potenz zu entreißen, die ihn erst befähigte, aktiv und kreativ zu leben. Die zweite Angst entspringt der ödipalen Konkurrenz zum Vater, den er beseitigen müßte. Um diese destruktiven Ängste kommt der Sohn herum, wenn er sich mit dem phallischen, also präödipalen Vater identifiziert. Er gerät aus den Fängen der als sadistisch erlebten Mutter und begibt sich mit der Identifikation auf der vorödipalen Stufe gar nicht erst in die Auseinandersetzung mit dem Vater. Der Penis, den er damit gewinnt, ist jedoch hohl. Er symbolisiert weder die Ablösung von der Mutter, also eine gewisse persönliche Autonomie, noch die männliche Identität, die sich auch zu bewähren in der Lage ist. Im Gegenteil: als übergoldeter Fetisch schützt er vor beidem.

So einigen sich Mann und Frau unbewußt auf das Emblem, das heute die seelische Welt beherrscht: das Penisding und seine tausend Varianten. (Es ist wohl unnötig anzumerken, daß dieser «Penis» nicht verwechselt werden darf mit dem erotisch erfüllten Phallus, der ohne die Imago der erotisch erfüllten Vagina nicht existiert, das heißt notwendigerweise doppelgeschlechtlich, bisexuell ist und selbst angewiesen auf eine erfüllte Sexualität der Eltern.)

Das gemeinsame unbewußte Thema von Mann und Frau ist also die Angst, sich von der leeren, enttäuschten Mutter abzulösen. Denn sie lebt durch ihre Kinder. Daher macht Emanzipation angst – nicht nur den Frauen, wie es Marina Gambaroff beschrieb, sondern auch den Männern, deren sogenannte Emanzipation in der Regel keine ist. Letztlich gleicht dieses Beieinanderbleiben einem Akt jener Barmherzigkeit, die alle leer ausgehen läßt.

4. Lob auf die böse Mutter: Die leere, bedürftige Mutter wird zur negativen Mutter, weil sich ihr eigener und der projizierte Enttäuschungszorn der Kinder in ihrem Bilde sammelt.

Die Mutter ist gegen ihren Willen zum Zentrum der seelischen Macht geworden. Wir leben in einem *Männermatriarchat* (Moeller 1982). Der widersprüchliche Begriff meint etwas Doppeltes: Die Mutter ist zu Haus alleingelassen, nachdem die Männer als Väter von der Männergesellschaft (und mit ihnen die konkrete Männlichkeit als Väterlichkeit) abgezogen wurden. Es ist durch die Männerentfernung ein Miniaturmatriarchat zu Hause entstanden. Aber genau dieses gegen den mütterlichen Willen etablierte Matriarchat beläßt als einzige Identifikationsfigur die Mutter – auch für die Söhne. Sie identifizieren sich mit ihr. Die erwachsenen Männer sind im wesentlichen muttergeprägt: Männermatriarchat. Die Mutter schafft nicht selbst ihre Lage. Die Lage schafft sie. Aber für uns alle sieht es so aus, als wäre sie der Ursprung des Übels. Doch trägt sie nur das Kreuz für uns alle. Sie ist unsere Symptomträgerin. Alles, was über sie zu sagen ist, wirkt häßlich, macht gereizt und wütend. Es geht uns auf die Nerven, weil unser Nerv getroffen ist.

Um es paradox zu sagen: Ich möchte die böse Mutter loben. Denn sie ist nicht schuld, wenn sie auch von uns allen und vor allem von sich selbst stets beschuldigt wird. Diese Vorwurfshaltung ist eine bekannte seelische Abwehr gegen die sogenannten narzißtischen Schäden. Wenn ich mir oder jemand anders etwas vorwerfe, gehe ich noch davon aus, daß ich oder der andere es besser machen könne. Bei narzißtischen Schäden, bei inneren Defekten, bei Mangelzuständen ist aber nichts mehr durch besseres Handeln, durch besseres Benehmen sozusagen, zu verbessern. Vielmehr geht es darum, das Elend, die Ohnmacht auszuhalten und auszutrauern. Nur so könnte sie vernarben.

Am Anfang unserer Entwicklung stand die sogenannte negative Mutter. Die Verhältnisse personifizieren sich in ihr, und wir personifizieren die Verhältnisse ebenfalls in ihr auf Grund der Tatsache, daß sie uns als die wesentliche Bezugsfigur die Welt vermittelt. Negativ, gefährlich, bedrohlich, eifersüchtig, neidisch, sadistisch ist sie aber nicht allein wegen ihrer eigenen Bedürftigkeit und wegen ihres Zorns über ein enttäuschtes Leben, mit dem sie ihre Kinder ersatzweise an sich preßt. Vielmehr wird sie besonders gefährlich erlebt, weil wir, ihre Töchter und Söhne, den zerstörenden Zorn auf sie projizieren, unsere Wut und unseren Haß, mit dem wir uns unser Recht auf ein erfülltes selbständiges Leben aus ihr zu rauben gezwungen sehen. Daß diese mörderische, erstickende, blockierende, lästige Mutter schnell durch den Abwehrmodus der Gegensatzbildung in die Kitschfassung der «lieben Mutti» gerät, ändert nichts an der schlimmen Lage.

Im Bild von der bösen Mutter sammelt sich inzwischen alles, was wir an negativen Eigenschaften aufzubieten haben. Es kommt in den Therapien auf, in Lebensberichten, in theoretischen Abhandlungen, in den Massenmedien: Sie ist besitzergreifend, uneinfühlsam (als Kern der narzißtischen Schäden), kindersüchtig, klammernd, krallend, fressend, dominant, sich selbst mit dem Kind stopfend, lebensneidisch, wütend, aggressiv, überfürsorglich, symbiotisch. Sie ist die Neidmutter, die Mordmutter, der Inbegriff der Lebensbehinderung und der Mißgunst, die Klebemutter, die dogmatische Herrin ihres Weltbildes, das sie wie eine Käseglocke noch weit bis ins Erwachsenenleben hinein über ihre Abhängigen zu stülpen versucht. Da wir längst schon auf dem Weg zur vaterlosen Gesellschaft sind, bleibt sie tatsächlich als einzige Identifikationsfigur für uns übrig.

Und so kommt die Überraschung: «Ich schaue in den Spiegel und sehe meine Mutter» (Franck 1979). Wir sind ihr aus dem Gesicht geschnitten. Sie ist unser Ebenbild. Weil sie die enttäuschte Mutter ist, ist sie die Mutter der Enttäuschung. Ihre wesentlichen Bedürfnisse sind unerfüllt geblieben. So sehr, daß sie nicht einmal die Fähigkeit erlangte, ihr notwendigstes Bedürfnis zu entwickeln, nämlich ihre wesentlichen Bedürfnisse zu äußern und sich für sie einzusetzen. Sie, die jetzt gezwungen ist, narzißtische Schäden in den Kindern hervorzurufen, ist selbst narzißtisch geschädigt und füllt ihre Lebenslücken, den Mangel am Selbst, mit dem Ersatzstoff Kind. Gerade Wunschkinder haben also kein Leben nach eigenen Wünschen. Sie werden so fälschlich beneidet von vielen, besonders von denen, die eigentlich hätten abgetrieben werden sollen, und das sind mehr von uns, als wir denken. Denn gerade Wunschkinder sind von solchen Müttern ersehnt. Sie bleiben Erfüllungsgehilfen mütterlicher Erwartungen, und das heißt: ihres ungelebten Lebens. Bestenfalls wiederholen sie ihre eigene Mutter, deren Plombe sie waren. Auf dem Umschlag des Buches von Anne Dally «Die Macht unserer Mütter» steht das in acht Thesen:

1. Ich kann mich selbst nicht leiden, die Art, wie ich geworden bin …
2. Deshalb habe ich meine Tochter ganz anders erzogen, als meine Mutter mich erzogen hat.
3. Meine Mutter hat mich immer dominiert. Ich habe meine Tochter zur Selbständigkeit ermutigt.
4. Meine Mutter hat mich manipuliert. Ich war immer geradeheraus.
5. Die Geheimniskrämerei meiner Mutter ging mir auf die Nerven. Ich war immer offen.
6. Meine Mutter war unentschlossen. Ich weiß, was ich will.
7. Jetzt ist meine Tochter erwachsen.
8. Sie ist das Ebenbild meiner Mutter.

Müttern und Söhnen geht es nicht anders. Die stärkere Funktionalisierung der Männer, die sogenannte sachorientierte Distanz, verdeckt nur die Tatsache, daß wir Männer in einer vaterlosen Gesellschaft ebenso sind: durchmuttert. Aber die Mutter kann auch gar nicht anders sein. Sie ist nur eines der tausend Symptome, nur eine der seelischen Krüppelgestalten unserer Zeit. Sie ist das genaue Pendant und die Produzentin des Hochleistungsmannes, der, pünktlich zur Pensionierung vom Herzinfarkt dahingerafft, als Passivposten der Gesellschaft entfällt. Die Mutter versammelt nur das allgemeine Elend in sich und ist dazu bestimmt, es an die Kinder weiterzugeben. Sie ist die zentrale Achse der gegenwärtigen Gesellschaft, soweit es die seelische Entwicklung der Menschen betrifft.

5. Die Auseinandersetzung mit der zu kurz gekommenen inneren Mutter ist das Kreuz heutiger Paare.

In der stabilen Zweierbeziehung entsteht nach anfänglichen Hoffnungen einer Weiterentwicklung über die pseudophallische Kollusion hinaus häufig eine Neuauflage der Beziehung zur analen Mutter. Sie herrscht im Unbewußten der Partnerbeziehung so lange, wie die Ablösung von ihr nicht gelungen ist. So kann zum Beispiel eine latente sadomasochistische Machtkampfehe entstehen. Dabei kann der Mann die anale Mutter repräsentieren, die Frau bleibt das nichtige Zubehör, abhängig, unterdrückt, hilflos, resigniert, ihrer eigenständigen Lebendigkeit wie beraubt. Neid, Haß, Enttäuschungszorn, Gefühl der Leere bestimmen das Klima einer solchen unbewußten Beziehung.

Evelyn berichtet in der Therapie: «Bei meinem Mann war ich total frigide. Er hielt mich für eine sexuelle Versagerin. Als ich später einen

Freund hatte, war ich plötzlich völlig ungestört in der Liebe und dessen sexuelles Ideal.»

Die Frigidität ist auch hier ein Symptom der Beziehung, also, wenn auch unbewußt, gemeinsam geschaffen. Sie ist insofern nicht nur ein Symptom der Frau. In diesem Falle ergab die Analyse eine wechselseitige Übertragung der negativen Mutter bei beiden Partnern. Im Zuge des Ehelebens hat sich eine Situation entwickelt, in der sowohl der Mann auf die Frau als auch die Frau auf den Mann die negative Mutter übertrug. Ich sagte schon, daß das meines Erachtens heute eine der stärksten seelischen Belastungen ist, die Paare zu verarbeiten haben. Die negative Mutter ist also nicht draußen, sie ist in uns selbst, wir sind mit ihr identifiziert. Wenn ein Paar ein Kind bekommt, droht ihre Wiederauferstehung. Ihre Aktualisierung legt dann häufig genug das sexuelle Leben des Paares völlig lahm.

Es gibt noch andere Umgangsformen mit der negativen Mutter. Sie entsprechen unterschiedlichen Weisen der Distanzierung oder der Technisierung des Liebeslebens.

Die große innere Mutterfigur wird zu einem flüchtigen Ersatz heruntergespielt:

«Der Ersatz kommt billiger als der echte Partner, ganz abgesehen von den ständigen Querelen, die man vermeidet. Ein Pariser Geschäftsmann hat das einmal so zusammengefaßt: Früher sei er, anläßlich diverser Reisen, häufig in Diskotheken gegangen. Jetzt bevorzuge er Bordelle. Das habe den Vorteil, nicht bis drei oder vier Uhr morgens ausharren zu müssen, bis er mit irgendeiner Frau zur Sache käme. Durch den Wechsel des Etablissements sei er erstens nicht durch ausdauerndes Tanzen geschwächt, habe er zweitens die Gewißheit, das Ziel seiner Bemühungen hundertprozentig zu erreichen, werde er drittens niemals dilettantisch, sondern professionell bedient, sei er viertens am nächsten Tag frisch und ausgeruht, ohne schlechter Luft und ohrenbetäubendem Lärm ausgesetzt gewesen zu sein, käme es ihn fünftens ebenso teuer wie in einer Diskothek, in der er fortan seine kostbare Zeit nicht mehr vertrödeln werde» (Raschke, 1982, S. 1; A. Bammé, S. 287).

Ein anderes Beispiel bringt Charles Bukowski.

«‹Stella›, sagte er, ‹Stella, du Flittchen.› Er ging hin und schlug sie ins Gesicht. Dann packte er ihren Kopf und küßte sie. Sie ließ sich gut küssen. Sein Penis begann gerade hart zu werden, als das Telefon klingelte.

Sein Freund Harry ist am anderen Apparat und sagt, daß er auf ein Bier vorbeikommen wolle. Eine Unterhaltung zwischen Robert und Harry will nicht so recht in Gang kommen, so daß Harry bald wieder geht. Daraufhin befreit Robert seine Stella aus dem Schrank. Er beschimpft sie als Hure und verdächtigt sie, daß sie ihn betrogen habe. Stella gibt keine Antwort. Sie steht nur da und gibt sich kühl und etepetete. Robert verpaßt ihr eine Ohrfeige. Einen Robert Wilkinson betrügt man nicht ungestraft. Er ohrfeigt sie noch einmal, packt sie dann und küßt sie.

Er küßte sie wieder und wieder. Dann griff er ihr mit beiden Händen unters Kleid und betastete sie. Sie war gut gebaut, sehr gut gebaut. Sie erinnerte ihn an eine Lehrerin, die er einmal an der Highschool in Mathematik gehabt hatte.

Stella hatte keine Schlüpfer an. ‹Du Hure›, sagte er, ‹wer hat dir deine Schlüpfer ausgezogen?› Dann stand sein Penis und drückte vorne gegen sie. Robert war enorm in Hitze. Er steckte ihn zwischen ihre Schenkel. Es war glatt und eng dort. Er machte darauflos. Für einen kurzen Augenblick kam er sich dabei äußerst blöde vor, doch dann übermannte ihn seine Leidenschaft, und er begann sie am Hals zu küssen, während er sie unten bearbeitete …

Mit der Zeit ließ es sich für Robert ganz gut an. Er kaufte Stella mehrere Schlüpfer, einen Strumpfgürtel, hauchdünne Nylons, ein Kettchen fürs Fußgelenk. Er kaufte ihr auch Ohrringe … Er mußte mit ihr nicht essen gehen, auf keine Parties, in keine langweiligen Filme, all diese platten Dinge, die einer Frau im allgemeinen so viel bedeuteten. Es gab auch Streit. Es mußte immer Streit geben … Sie war nicht gerade redselig, aber er war sicher, daß sie einmal zu ihm sagte: ‹Du bist der größte Liebhaber von allen … Du liebst mit Seele, Robert.› Ja, sie hatte ihre Vorteile. Sie war nicht wie all die anderen Frauen, die er gekannt hatte. Sie wollte nicht mit ihm ins Bett, wenn er gerade keine Lust hatte. Er konnte sich die Zeit aussuchen. Und sie kriegte keine Periode. Das kam ihm besonders gelegen, denn er machte es ihr ausgiebig mit dem Mund … Es war von Anfang an ein intimes Verhältnis, aber mit der Zeit spürte er, daß er sie zu lieben begann. Er dachte daran, einen Psychiater aufzusuchen, ließ das Vorhaben aber wieder fallen. Schließlich mußte man ja nicht unbedingt einen richtigen Menschen lieben, oder? Das dauerte nie lange. Es gab zu viele unterschiedliche Sorten von Menschen, und was als Liebe begann, endete allzuoft in einem Krieg.

Robert verbringt zwei befriedigende Wochen mit Stella. Zwangsläufig vernachlässigt er seine alte Freundin Brenda. Sie fühlt, daß da etwas nicht stimmt, und vermutet, daß Robert fremdgeht. Sie ruft ihn an und stellt ihn zur Rede. Robert hat ein schlechtes Gewissen. Er versucht, sich herauszureden: ‹Ich hatte schrecklich viel zu tun, Brenda, ich bin zum Bezirksleiter befördert worden, und da mußte im Büro vieles umorganisiert werden.› – ‹Ach wirklich?› – ‹Ja.› – ‹Robert, da stimmt doch was nicht ...› – ‹Wie meinst du das?› – ‹Ich höre es an deiner Stimme. Da stimmt irgendwas nicht. Was zum Teufel ist los, Robert? Ist es eine andere Frau?› – ‹Nicht direkt.› – ‹Was soll das heißen, nicht direkt?› – ‹Ach Gott, nee!› – ‹Was ist es? Was ist es? Robert, da stimmt doch was nicht. Ich komm auf der Stelle zu dir rüber.›

Brenda bekommt einen Tobsuchtsanfall. Sie beginnt, auf die Schaufensterpuppe einzuschlagen, sie zu zerstören. Dann stürzt sie aus dem Haus.

Robert ging hinüber zu Stella. Der Kopf war abgegangen und unter einen Stuhl gerollt. Mehliges Zeug lag hier und da am Boden verstreut. Ein Arm hing lose, gebrochen, zwei Drähte standen heraus. Robert setzte sich auf einen Stuhl. Er saß einfach da. Dann stand er auf und ging ins Badezimmer, blieb dort eine Minute stehen, kam wieder heraus. Vom Flur aus konnte er den Kopf unter dem Stuhl liegen sehen. Er erinnerte sich, wie er seine Mutter und seinen Vater begraben hatte. Doch das hier war anders. Das hier war anders. Er stand im Flur, schluchzte, wartete, Stellas Augen, groß, cool und schön, starrten ihn an.»

«Daß Menschen auch im sexuellen Bereich mit Maschinen verglichen werden und durch Maschinen ersetzt werden, weil sie bestimmte Funktionen einfach besser erfüllen, Ansprüche und Wünsche konfliktfreier zu befriedigen vermögen, wirft ein bezeichnendes Licht auf die Qualität zwischenmenschlicher Beziehungen», schreibt das Berliner Soziologenteam (Bammé u. a., S. 286).

Ein weiteres Beispiel, das die vorangegangene Lage nur noch zu perfektionieren scheint:

«Barbara und Tom sind ein Paar wie aus dem Bilderbuch. Tom ist stark, muskulös und immer bereit für die Liebe, erfüllt jederzeit die Sexwünsche einer Frau. Er hat weiche Locken und ein sympathisches Gesicht. Es ist weich und anschmiegsam. Mit ihm kann jede Frau Stunden wohliger Entspannung und vollkommener Befriedigung erleben.

Barbara hat ein sympathisches Gesicht und einen attraktiven Körper mit vollen Brüsten, erregten Brustwarzen, geriffelten Schamhaaren und wohltuend weichen Sexorganen. Sie ist jederzeit bereit, ihren Liebhaber zu empfangen. Die beiden bietet das Versandhaus Beate Uhse unter den Bestellnummern 51048 (Tom) und 51040 (Barbara) zu DM 498,– an.

Nur wenige Minuten der Vorbereitung genügen, und schon liegen sie vor Ihnen, lebensecht, aus weichem anschmiegsamen Latex gefertigt. Sie sind aufblasbar. Toms Penis kann durch einen Gebläseball automatisch verlängert werden» (Bammé S. 284 und 287).

Auch hier kann die Technisierung auf ein Wesentliches beschränkt werden, eine «Vervollkommnung» der technologischen Liebe: Vibrator für zwei.

«Dieser Liebesstimulator kann ihr und ihm gleichzeitig Lust bereiten. Das weich ausgepolsterte Rohr nimmt den Penis auf und überträgt auf ihn intensive Erregungsschwingungen, während die Partnerin sich mit dem angearbeiteten Kunstglied ganz nach Wunsch kräftig oder sanft stimulieren und in starke Liebesbereitschaft versetzen kann. Ein kleines Schaltgerät regelt die Vibration von Lustrohr und Kunstglied. Länge 25 cm. Bestellnummer: 52018 – DM 59,–.»

Gerd Loschütz beschreibt eine weitere Lösung in seiner Novelle «Eine wahnsinnige Liebe»:

«Der Arzneimittelvertreter Lukas Hartmann, schon vierzig, aber immer noch solo, kauft sich einen kleinen Heimcomputer. Da Hartmann fürchtet, dem Apparat könne es im Kofferraum seines Autos zu kalt werden, zieht er ihm einen Pullover an und setzt ihn angeschnallt auf den Beifahrersitz. Nachts nimmt er ihn auf sein Doppelbett, und da passiert es: Zu des Reisenden großer Freude verwandelt sich der Computer in eine leibhaftige Frau.

Der arme Teufel mit dem unverschämtem Glück, nun eine Frau zu haben, die er ganz nach seinem Geschmack bilden kann, entwickelt Ehegelüste. Also zieht er sich in ein Dorf zurück und schreibt, während die Kirchenglocken in das Gastzimmer herüberläuten, die Kuverts für die Hochzeitskarten.

Es ist die Story eines Knirpses, der so mickrig war, daß er sich im Schatten seines Vaters verstecken konnte – und nach dessen frühem Tod der erstickenden Liebe und Geltungssucht der Mutter ausgeliefert war. Zu Fasching hatte die Mutter den Jungen mittels einer Perücke zum Mädchen verkleidet. Das Foto von diesem Tage, welches Hartmann nun in seiner Schublade findet, benutzt er als Bild für den gefälschten Paß ‹seiner Frau›. Da die Mutter den Platz für eine dritte Person nie freigeben wollte, war der Sohn in die Freiheit der Gedanken geflüchtet» (*Spiegel*, Nr. 45, 1984, Rezension).

Die Frau maschinisiert, der Computer als Frau. Es ist dies der autistische Weg, in dem die tiefen, zu heißen und zu unangenehmen Gefühle kaltgestellt werden als technisches Gerät. Viele tun das bereits, ohne daß eine Maschine – wie in der Parabel – auftreten muß. Die Liebe ist längst technisiert, ohne daß wir es merken. Die tatsächliche Liebesmaschine, die auf den Markt drängt, ist nur Signal für die unterschwellige Veränderung unserer Liebesbeziehung, eine Art seelischer Verseuchung, die wir nicht mitkriegen. Beate Uhse bietet eine solche Liebesmaschine: Da wirft ein Mann Geld hinein, steckt seinen Schwanz in ein Loch und sieht einen Film ablaufen, bis er kommt. Danach wird alles automatisch bereinigt. Das hygienische Problem ist noch nicht ganz gelöst. Das geistige, erotische Problem erfaßt die Wirtschaft nicht, weil es nicht zu ihren Interessen gehört. Der Apparat wird sich rentieren, sonst wäre er gar nicht entstanden (Bammé, S. 292 ff).

Jürgen sagte neulich in der Gruppe: «Im Grunde habe ich mein ganzes Leben nur in der Frau onaniert. Eine wirkliche Beziehung aufzunehmen, das ist mir zu gefährlich gewesen, ein Morast, in dem ich versinke.»

Corinna sagte: «Im Grunde ist es mir völlig egal. Schwanz ist Schwanz. Daß da noch ein Mann dranhängt, übersehe ich meist.»

Sie dürften nicht die einzigen sein. Vielleicht aber die wenigen, die den Mut haben, das auch bei sich zu sehen.

Die logische Konsequenz wäre, den Partner völlig abzuschaffen. Swami Satyananda (J. A. Elten) schreibt in seinem Buch «Ganz entspannt im Hier und Jetzt»: «Wer dein Partner ist, spielt kaum eine Rolle – fast jeder kommt in Frage. Sex reißt die Schranken des Alleinseins nicht ein – verstärkt eher noch das Gefühl, allein zu sein. Der Orgasmus ist reine Privatsache. Der Partner mag der Auslöser sein, aber er ist nicht mit einbezogen.» Wie ähnlich sind sich hier die von Elten angesprochene «meditative Qualität dieses Einzelorgasmus (du bist allein im Hier und Jetzt, das Ego verschwindet)» und die erwähnte Liebesmaschine.

Ganz im Kontrast dazu gibt es jedoch auch gelungene Entwicklungen.

Eva erlebte mit Alexander einen Orgasmus, wie sie ihn vorher in dieser Intensität nicht kannte. Was sie beglückte und überraschte, war ihr tiefes Gefühl und ihre deutliche Vorstellung, daß sie diesen Orgasmus mit ihrer Mutter zusammen hatte. Zum erstenmal verschmolz sie in einem Rausch mit der Mutter, deren lebendige Kraft sie spürte und zu übernehmen glaubte.

Was Eva geschah, ist einerseits ein ganz bedeutender Entwicklungsschritt in ihrer seelischen Entwicklung, nämlich die wirkliche, gelungene Ablösung von der Mutter. Gleichzeitig ist es auch ein Zeichen der tiefen und guten Beziehung zwischen ihr und Alexander.

Leider gelingt eine solche Entwicklung nicht oft. Die wechselseitige Übertragung der negativen Mutter schafft eine scheußliche Stimmung in einer Paarbeziehung. Das Gefühl von Sinnlosigkeit und wechselseitiger Ausbeutung überwiegt.

Es ist ein schwacher Trost, daß wir uns mit dieser Lage aus gemeinsamem unbewußtem Handeln selbst konfrontieren. Es heißt nicht mehr und nicht weniger, als daß wir uns mit dem Zustand unerfüllten Lebens, mit der Schwierigkeit, wenn nicht Unmöglichkeit, wirklich erfüllt zu leben, konfrontieren. Der Wandel der seelischen Krankheitsbilder von den neurotischen zu den narzißtischen Störungen entspricht dem. Es handelt sich um eine gesamtgesellschaftliche Bewegung, die wir höchst persönlich erleben. Über die radikale Umformung der Familie zu einer nicht mehr Familie zu nennenden Mutter-Einzelkind-Union mit einem Trabantenvater ändert sich unbemerkt unsere Lebensgeschichte, damit der Aufbau unserer Person und die Art unseres sexuellen Erlebens. Ich habe versucht, das unter dem Begriff «Männermatriarchat» auszuführen. Wir lenken von der Gefahr unserer gemeinsamen Leere ab, wenn wir die manifeste und tatsächliche Unterdrückung der Frau gegen die vermeintlich privilegierte Position des Mannes ausspielen. Die Mutter ist wenigstens noch negativ, noch böse. Sie wird noch erlebt. Der Vater ist so gut wie gar nichts. Er ist weg. Er ist durch und durch versachlicht. Vielleicht schon verstofflicht. Leistung stopft seine Lebenslücken bis zum Herzinfarkt. Er stirbt meist früher als die Frau, wenn er zu der entfremdeten Leistung auch nicht mehr zu gebrauchen ist. Die Tragik ist die Leere auf beiden Seiten, auf seiten des Mannes und der Frau, kurz: die Überflüssigkeit des Menschen in einer Gesellschaft, in der zum Beispiel die Sachleistung oder das Kapital absolut vorrangig sind. Durch Gleichziehen mit diesem Mann ist wirklich nichts gewonnen, ist Lebendigkeit nicht zu erreichen.

6. Giftige Anklagen sind meist Projektionen schuldbeladener Ablösungswünsche.

Die unvollständige Ablösung von der sogenannten negativen Mutter ist das unbewußte Dauerthema von Paarbeziehungen. Sie ruft einen gemeinsamen Abwehrvorgang hervor. Ihn zu kennen schafft bessere Liebesbedingungen. Es ist die verbreitete Methode der giftigen Anklage des einen gegen den anderen. Wie alle Symptome sind auch die Beziehungssymptome mehrfach determiniert und stets ein Kompromiß zwischen Befriedigung und Abwehr. Daß sich in einem Vorwurf ein besonderes unbewußtes Moment versteckt, ist leicht an der besonderen Qualität der Heftigkeit zu erkennen. In giftige Anklagen kleiden sich oft die eigenen schuldbeladenen Ablösungswünsche. Der entschlüsselnde Satz lautet: «Ich werfe dir genau das vor, was ich mir im Grunde wünsche. Dadurch müssen wir beide nicht erkennen, worum es geht.»

Renate will den Gruppenraum betreten und liest draußen das erleuchtete Schild «Nicht eintreten». «Ihr wolltet mich ausschließen», phantasiert sie in der Gruppe fast wütend. Später stellt sich heraus: Es war ihr eigener Wunsch, ausgeschlossen zu werden. Sie wollte frei sein von der Gruppe, die ihr vereinnahmend, festkrallend und fressend erschien. Eben wie ihre eigene Mutter. Es wurde schnell deutlich, daß die Angst vor dem Aufgefressenwerden sich legiert hatte mit der Angst, selbst die Mutter-Imago aufzufressen. Daß sie sich hilflos, klein, abhängig und unfähig fühlte, entsprach einerseits der aktualisierten regressiven, kindlichen Position, gab aber gleichzeitig die Möglichkeit der Vertuschung ihrer eigenen oral-sadistischen Kraft. Die daraus erwachsenden maßlosen Schuldgefühle drehte sie als Vorwurfsattacke gegen die Gruppe nach außen.

Anna wohnt seit neuestem mit Helmut in einer Wohnung zusammen. Sie sind ein festes Paar, aber nicht verheiratet. Bei einem heftigen Streit reißt Helmut sein Namensschild von der Tür. Anna kontert mit Vorwürfen. Er bringe nicht einmal das Minimum an Solidarität auf usw. In den späteren Assoziationen wird deutlich, daß sie in der Beziehung zu ihm große Angst hat, von ihm aufgefressen zu werden. Besonders im Bett, beim Beischlaf. Ihre Angst führt zur Distanzierung von ihm, zu einem Nebeneinander im Alltag. Sie verweigert deswegen auch oft den Beischlaf mit Helmut. Aber es ist nicht nur die Panik, gefressen zu werden. Sie selbst will ihn mit den Zähnen zerfleischen, redet ununterbrochen auf ihn ein, zerreißt und analysiert ihn, weil er ihr nie etwas gäbe, insbesondere nicht mit seinem eigenen Innenleben herauskäme. Sie erlebt ihn wie die große anale herrschende Mutter. Und Helmut kommt unter dem Vorwurfsdruck sehr leicht dazu, erstens diese Rolle durch betonte Stummheit voll zu übernehmen, zweitens seinerseits Anna als eine sich ständig an ihn klammernde und ihn dominierende Mutter zu erleben. Anna wendet die enormen Schuldgefühle in giftigen Angriffen nach außen. Der Zusammenhang ist aber, daß gerade das Abreißen des Namensschildes für sie unbewußt eine große Entlastung, eine Wunscherfüllung bedeutete.

Anklagen und wechselseitige Vorwürfe sind fast regelmäßig ein Hinweis auf eigene Schuldgefühle. Selbstvorwürfe werden zur eigenen Entlastung in Partnerattacken verwandelt. Das heißt: Ein Konflikt in der Selbstbeziehung wird zu einem Beziehungskonflikt verwandelt. Ich gerate schnell in eine giftige Attacke, wenn es um einen eigenen unbewußten intensiven Wunsch geht, der durch (meistens unbewußte) Schuldgefühle blockiert ist. Anna wirft Helmut vor, daß er unsolidarisch sei und sich einfach plötzlich trenne, obwohl diese Ablösung genau das ist, was sie sich insgeheim wünscht. Gleichzeitig verhindert sie mit der Attacke, was sie unbewußt aus schlechtem Gewissen heraus ohnehin nicht riskiert, nämlich sich als einigermaßen selbständiger, im eigenen Leben ruhender Mensch zu fühlen. Dabei hätten die meisten gerade Anna ein solches selbstbewußtes Identitätsgefühl zugesprochen, weil sie äußerlich und finanziell ganz unabhängig von Helmut einen erfüllenden Beruf hatte und nicht mit den entsetzlichen unbewußten Auswirkungen einer tatsächlichen Abhängigkeit vom Mann – wie heute noch die meisten Frauen – kämpfen mußte.

7. Wenn ich im unbewußten Zusammenspiel das Erleben, Verhalten und Denken des anderen mitbewirke und umgekehrt, ist Vorwürfen und Selbstvorwürfen der Boden entzogen.

Liebe kann für unterschiedliche Paare sehr unterschiedliche unbewußte Bedeutung haben. Liebe ist Einssein bei der narzißtischen Kollusion, Einander-Umsorgen bei der oralen Kollusion, Machtkampf bei der analen Kollusion und Bestätigung bei der hysterischen Kollusion. Jürg Willi hat das in seinem Buch «Die Zweierbeziehung» ausführlich dargestellt. Doch das ist nur eine einzige Perspektive:

die triebpsychologische, geordnet nach den sexuellen Entwicklungsphasen.

Ein Beispiel für die narzißtische Kollusion:

Angela sagte, sie könne sich die Orgasmen selber beschaffen und brauche dazu nicht unbedingt den Mann, den sie allerdings dennoch hatte. Sie war besonders frei in der Selbstbefriedigung und träumte auch häufig davon. Auch ihre Sexualität mit ihrem Partner schien auf den ersten Blick völlig störungsfrei. Ja sie imponierte den anderen Paaren in der Gruppe oft als beneidenswertes Vorbild. Erst nach längerer Therapiezeit wurde deutlich, daß Angela auf dem Hintergrund der heute so häufigen narzißtischen Störung an einer starken unbewußten Vernichtungsangst litt, die sie nur in einer perfekten, einwandfreien, stets kontrollierten Sexualität vermeiden konnte. Noch sicherer allerdings fühlte sie sich bei der Selbstbefriedigung, in der sie erst gar nicht in Gefahr geriet, sich bedrohlich ausliefern zu müssen. Es war deutlich, daß sie ihren Partner als eine riesige, vernichtende Mutter erlebte. Clemens, ihr Partner, mit dem sie fest zusammenlebte, aber typischerweise nicht verheiratet war, litt ebenfalls an einer ich-strukturellen narzißtischen Störung. Beide boten das klassische Bild einer narzißtischen Kollusion: Sie glichen sich aufs Haar, auch bis in Extremwerte testpsychologischer Persönlichkeitsbefunde. Doch hatte Clemens seine latente Vernichtungsangst auf andere Weise im Griff: Er verteilte Don Juan-ähnlich sein sexuelles Leben auf zahlreiche Beziehungen und verdünnte damit die emotionale Bindung auf ein ihm erträgliches Maß. Abgesehen also von sexuellen Störungen, kann auch eine technisch versierte, sozusagen «flotte» Sexualität im Erleben so glatt verlaufen, daß emotional kaum etwas in Bewegung gerät.

Ein anderes verheiratetes Paar praktizierte eine Art unbewußte Geschlechtsrollenumkehr, um damit die als gefährlich erlebte Sexualität der geschlechtseigenen Rolle abzuwehren. Zu Beginn hatte Andreas eine Erektionsimpotenz und eine Ejaculatio praecox. Auch im realen Leben des Paares spielte er den Hausmann, während Carola nicht nur berufstätig war, sondern auch sonst «die Hosen anhatte». Erst als Carola ihre Angst vor ihren eigenen passiven Tendenzen und Andreas seine Angst vor den aktiven und aggressiven Impulsen auflöste und damit gleichzeitig der eine nicht mehr den anderen zum eigenen Schutz in dessen Abwehrrolle festnageln mußte, legte sich auch die sexuelle Störung.

Am letzten Beispiel ist deutlich geworden, daß auch die Rolle Mann und die Rolle Frau Beziehungssymptome sind. Jede der beiden Rollen wird von beiden Partnern unbewußt definiert. Die gesellschaftlich festgelegte Geschlechtsrolle wird offensichtlich nach Belieben unterlaufen. In unseren Paarforschungen hat sich an Hand einer psychosozialen Geschlechtsrollenskala gezeigt, daß viel häufiger, als wir vermuten, Männer psychosozial Frauen sind und Frauen psychosozial Männer. Das haben die Massenmedien längst als Trigger begriffen. In der vergleichsweise kritischen französischen Zeitschrift «Le Nouvel Observateur» erschien zum Beispiel im Januar 1984 die Titelgeschichte «Sind Sie Frau oder Mann?» Ein sehr differenzierter Fragebogen zur Selbstuntersuchung war beigelegt. Eine solche subversive gegengeschlechtliche Identität hat allerdings mit dem viel stereotyperen Alltag zu kämpfen. Margaret Mead machte darauf aufmerksam, daß es gerade solche Menschen schwer haben, in Kulturen mit einem strengen Mann-Frau-Stereotyp zu leben. Dabei ist es zweitrangig, wie Mann und Frau gesellschaftlich definiert werden, ob so wie bei uns oder exakt umgekehrt wie bei den Arapesh, bei denen für unsere Wahrnehmung und für unser Erleben die Männer wie Frauen und die Frauen wie Männer sind.

Wenn nun alles, was ich im Einflußbereich meiner Paarbeziehung erlebe, tue, träume und entscheide, gleichermaßen von mir wie von meinem Partner bewirkt ist, dann entfällt für die Alltagspraxis wohl oder übel der gängigste Zündstoff: «Ich kann dir nichts vorwerfen und du mir nichts.» Es fehlt sogar der Boden für Selbstvorwürfe.

Statt dessen kommt eine viel fruchtbarere Frage auf: «Wie ist es zu verstehen, daß wir so sind, wie wir sind?» Etwa: «Ich bin so eifersüchtig, und du läufst immer weg.» Oder – wenn das Bewußtsein seine schlichte Form der linearen Begründung darübergestülpt hat: «Ich bin so eifersüchtig, weil du immer wegläufst – ich laufe immer weg, weil du so eifersüchtig bist.» In der neuen Perspektive des gemeinsamen Handelns muß ich mich jetzt damit befassen, daß das enttäuschende Verhalten des Geliebten offensichtlich ein mir nicht bewußter Anteil meines eigenen Verhaltens ist – und umgekehrt. Es kommt dann etwa heraus, daß wir den inneren Zwiespalt zwischen Eifersucht und Abenteuer in ihren tausend Bedeutungen als ein besonderes Merkmal dieser Beziehung bequem auf zwei Rollen aufgeteilt haben. Wir haben ein gemeinsames Angst-Thema, die Ambivalenz zwischen Bindung und Trennung, die jeder von uns auf dem Hintergrund seiner andersartigen Lebensgeschichte persönlich, aber unterschiedlich erlebt, in einem Paarkonflikt inszeniert. Das ist schneller zu begreifen, wenn wir fälschlicherweise von uns als einem in sich geschlossenen Individuum ausgehen: Man kann dann nämlich sagen, wir hätten einen persönlichen Konflikt zu einem Beziehungskonflikt umgewandelt. Ich erwähnte diese praktisch einleuchtende, aber nicht ganz korrekte Form schon.

Wie man es auch sieht, der Gewinn lautet: Ich spüre den Konflikt nicht mehr in mir, ich bin von Angst entlastet. Nur die Gegenwart des Partners bringt die abgewehrte Motivation wieder ins Spiel. Dadurch daß der Konflikt aber nach draußen – in den Partner – verlagert ist, und das gilt für beide, können wir die Angst umgehen: zum Beispiel durch Vorhaltungen oder durch Vermeiden einer dichteren Beziehung. Notfalls trennen wir uns, dann sind wir das Problem los, ohne es lösen zu müssen. Dieses Trennungsagieren – in dem es um einen einfachen Abbruch der Beziehung und nicht um eine Auflösung der Beziehung geht – scheint mir der wesentliche unbewußte Vorgang bei Trennungen und Ehescheidungen zu sein.

8. Das unbewußte Zusammenspiel des Paares ist Knotenpunkt eines breiteren unbewußten Beziehungsgeflechtes. Diese Matrix ist durch institutionelle Strukturen festgelegt.

Das gemeinsame Unbewußte bezieht sich bisher auf ein Paar. Dieses Unbewußte findet gleichsam kanalisierende Strukturen vor, etwa die Konstruktion der Ehe, sozusagen ein soziales Setting, innerhalb dessen es sich bewegt, letztlich also die maßgebliche Gesellschaftsstruktur. Ich schließe mich der Auffassung an, daß die Gesellschaft als das große System den Menschen als das kleine System nahezu durch und durch prägt. So sind Es, Ich, Über-Ich in meinen Augen im wesentlichen gesellschaftsgeschichtliche, historische, wenn man will, politische Produkte (Elias).

Die gesellschaftliche Konstruktion des Paares ist aber auf ein letztlich ungesellschaftliches, vielleicht anarchisches Moment des Menschen hin entworfen: auf die sexuelle Natur des Menschen. Es gibt also zur gesellschaftlichen Prägung noch ein Gegenmoment: das, was geprägt wird. Unter der Gewalt der Unfreiheit also doch ein Moment der Freiheit. Das Paar – historisch gar nicht alt – ist aber selbst keine geschlossene Form. Nicht nur ist seine heutige Konstruktion eine kapitalistische Erfindung, unter anderem eine besonders leistungsfähige Einheit für die Erhaltung und Vermehrung der Arbeitskraft, vielmehr übersehen wir mit dem Blick auf die Liebe gern, daß wir zum Beispiel auch heute noch mehr Zeit am Arbeitsplatz als anderswo verbringen. Solange wir noch nicht von der Produktion mit Arbeitslosigkeit in die arbeiterlose Produktion geraten sind, wird die Sozialisationsmacht Arbeitsplatz typischerweise unterschätzt. Einige werten ihn jedoch höher als den Einfluß der Eltern auf den einzelnen und auf das Paar. Manche Untersuchungen belegen Unterdrückungsketten: Der Mann, unter dem Druck abhängiger und entfremdeter Arbeit, gibt den angestauten Zorn an die Frau weiter – als Beimischung zur Sexualität nicht selten und dazu oftmals von beiden erwünscht – und irgendwann trifft es die Kinder.

Der Nachteil solcher Betrachtungen im Nacheinander ist eben doch wieder die stillschweigende Voraussetzung von Individuen als geschlossene Gestalten, die aufeinander wirken. Die Verarbeitungsweisen sind aber viel komplexer. Es geht darum, wie ein Paar oder eine Familie seelische Vorgänge und Konflikte in ihrem gesamten Beziehungsgeflecht auffängt. Da wird dann die erwähnte Hackordnung nur ein Spezialfall. Das unbewußte Beziehungsgeflecht von Paar und Familie ist erstens nur selten allein auf die Partner oder Familienmitglieder beschränkt, sondern umfaßt in der Regel zahlreiche weitere Menschen, mit denen eine konkrete, kontinuierliche und intensive Beziehung besteht: Eltern, Verwandte, Personen, die in der Hausgemeinschaft leben, Freunde, andere offene oder geheime Liebesbeziehungen und vor allem eben die Menschen, mit denen wir am Arbeitsplatz zusammen sind. Diese ungeheure Menge an bewußten Beziehungen bewegt sich aber nicht frei im Raum. Vielmehr leben wir fast gänzlich sozial institutionalisiert: von der Art und Weise, wie unsere Wohnung zugeschnitten ist, über die Form der Schulerziehung, die das Unbewußte einer Familie wenigstens an das Unbewußte einer ganzen Klasse anschließt, bis hin zur Anlage unseres Arbeitsplatzes. Jede soziale Institution reguliert das Verhalten und mehr: das Erleben, das Denken, das Träumen. Ein Medizinstudent: «Seit ich studiere, träume ich nicht mehr» (Will genau heißen: erinnere ich mich an meine Träume nicht mehr).

Als vorgegebene Verhaltensregulierung ist die Institution selbst aus dem Unbewußten entstanden und prägt das Unbewußte mit. Ein unbewußtes Beziehungsgeflecht ist ohne dieses soziale Setting nicht zu erfassen. Darin ist die politische Dimension unserer persönlichen Gefühle verankert. Wollen wir jenen schmalen Anteil Selbstverantwortung für unsere Liebe und für das Liebemachen übernehmen, dann müssen wir tatsächlich unsere ganze Lebensgestaltung im Auge haben. Ich habe ein Jahr lang die Grünen im hessischen Landtag als psychoanalytischer Organisationsentwickler regelmäßig beraten. Der Arbeitsplatz des Politikers und der Politikerin ist nicht nur wegen der weitreichenden Bedeutung des eigenen Handelns moralisch ungeheuer belastet, er frißt auch in der Tat durch die uferlosen Aufgabenbereiche fast alle Lebensenergie auf. Selbst für einen Grünen ist es nach kurzer Zeit nicht mehr möglich, schuldgefühlfrei einen persönlichen Abend zu verbringen. Ein Beispiel unter Tausenden: Viele Menschen, denen die Liebe noch etwas bedeutet, verbringen mehr Zeit im Pendelverkehr zwischen Wohnung und Arbeitsplatz, als sie je ihrer Liebe gönnen. Ausnahmslos haben es alle Paare zunächst sehr schwer, in der Woche auch nur anderthalb Stunden ungestörte Zeit gemeinsam zu finden, zu der sie in den von mir nahegelegten Zwiegesprächen Gelegenheit hätten, sich über ihr Erleben in der Beziehung auszutauschen.

Ich bin seit vier Jahren in einer Psychoanalytiker-Selbsthilfegruppe, in der dieses Thema akut geworden ist. Die Kernfrage lautet, inwieweit ich neben pauschalen Klagen auch konkret etwas für mich selbst oder die Beziehung tue. Es ist eine harte Arbeit am Detail der Lebens- und Berufsgestaltung. Ich möchte ein Beispiel bringen, das zeigt, wie eng verflochten das Unbewußte des Individuums, der Beziehung und der sozialen Situation sein kann. Dabei kann ich nur auf das Alleroberflächlichste zu sprechen kommen, nämlich auf die symbolische Bedeutung des Arbeitsplatzes. Ich muß dessen ganz konkrete, nicht symbolische Festlegung des Unbewußten außer acht lassen:

Margret ist schwanger. Sie träumt, sie traut sich nicht, mit ihrem Mann zu schlafen, das Kind könne vorzeitig kommen. Eine Gruppenteilnehmerin rät ihr: Einmal in der Woche könnte sie sich das schon erlauben (ein Aspekt einer guten erotischen Mutterfigur). Ihre Paarbeziehung war gekennzeichnet durch den Konflikt zwischen sehr starken Bindungswünschen und sehr starken Distanzneigungen. Auch das gemeinsame sexuelle Erleben schwankte stark zwischen Verschmelzung und strikter Entfernung. Margret und Jens konnten sich lange Zeit nicht entschließen, zusammen zu wohnen, obwohl sie ein festes Paar waren. Inzwischen – nach längerer Zeit Paargruppenanalyse – sind sie doch verheiratet.

Der Arzt Jens übernimmt eine Frühgeborenenstation. Genau zu diesem Zeitpunkt, im siebten Monat, treten tatsächlich Wehen auf. Margret sagt in der Gruppe: «Ich dachte immer, ich wäre eine Mutter, die zuviel festhalten wollte, und nun scheint es eher umgekehrt zu sein, daß ich das Baby zu früh entlasse.» Es ist deutlich, daß in den Wehen, die eine Ablösung von Mutter und Kind bewirken, die Kehrseite des Festhaltens zum Ausdruck kommt. Je stärker die Tendenz in Margret deutlich wurde festzuhalten, desto stärker wurde auch die Neigung, sich abzulösen. Margret erlebt sich unbewußt auch als das Kind, das aus ihr rauswill. Sie selbst wollte dem umklammernden Vater entkommen (ein seltener Fall; er übernimmt hier lebensgeschichtlich auf Grund seiner Persönlichkeitsstruktur und der Gesamtsituation die Mutterrolle). Sie sieht bei sich aber die haltende Seite deswegen so deutlich und die ablösende Seite so schwach, weil Jens stärker die Distanziertheit übernommen hat. Immerhin fällt ihr ein, daß sie erst in dem Augenblick ihre Schwangerschaft als glücklich erlebt, als sie alle eigenen Phantasien über die Beschränkungen, die das Kind ihrer beruflichen Freiheit und ihrem Beziehungsleben aufzubürden schien, aus dem Weg geräumt hatte. Das entspricht natürlich auch einer inneren seelischen Arbeit, einer Selbstentwicklung. Ihre Ursprungsphantasie war aber eine einengende Mutter-Kind-Klammerbeziehung, in der das Kind die Klammerrolle übernahm. Wir übertragen nahezu regelmäßig unsere unbewußten Elternimagines auf unsere Kinder (Richter).

Wenn sie im erotischen Leben Befürchtungen hat, das Kind könnte im Beischlaf vorzeitig kommen, dann drückt das auch ihren Wunsch aus, daß das Kind sich ablösen möge. Gleichzeitig ist in dieser Szene enthalten, daß sie sich entsprechend dem Kind auch im sexuellen Akt selbst emanzipieren möchte, indem sie die durch ihren Partner erlebte Umklammerung der Vaterfigur auflöst. Im Beischlaf überprüfen wir mehr oder weniger bewußt stets unseren seelischen Entwicklungsstand. Nur konnte Margret ihren Wunsch nicht offen fühlen, er machte einen inneren Konflikt, mußte abgewehrt werden und wurde ihr nur als Angst, das Kind könnte vorzeitig kommen, bewußt. Ihre Neigung, eigenständig zu werden, lag im Konflikt mit der übergroßen Sehnsucht nach fester Bindung.

Schließlich muß sie auf ärztliche Anweisung fest im Bett liegen. Die Maßnahme ihrer behandelnden Ärztin übernimmt den inneren Anteil des Festhaltens in ihr, dementsprechend erlebt sie selbst nur noch ihren Freiheitsdrang. Jens scheint sich aus allem distanziert herauszuhalten: zum Beispiel in der Frage, ob wehenstillende Medikation oder nicht, was durchaus sein Ressort wäre. Seine strikte Zurückhaltung ist eine Reaktionsbildung auf die im Paar mobilisierte Festhaltetendenz.

Schließlich verblüffte er die Gruppe wie mich und erhellte mit einem Schlag die Komplexität des unbewußten Geschehens, als er sagte: «Der Sohn kommt sowieso, wann er will, egal was wir tun. Mein Vater ist auch eine Frühgeburt gewesen.» Tatsächlich wäre das Kind (durch eine Amniozenthese war das Geschlecht bekannt) als Frühgeburt auf seine Station gekommen. Er übertrug Vaterbild und Sehnsucht nach dem Vater auf den kommenden Sohn. Sein unbewußter Beitrag zu den Wehen, durch die eine Frühgeburt drohte, läßt sich etwa folgendermaßen umreißen: Er hätte den Vater bei sich, sein Gebärneid wäre gestillt, vor allem aber hätte er die selbst erlebte problematische früheste Kindheit – im Bild des frühgeborenen Sohnes – in der Apparatemedizin der Frühgeborenenstation fest im Griff. Sein ohnmächtiges Ausgeliefertsein als Kind, sein passives Leiden, hätte er so in eine technisch distanzierte Aktivität verwandelt.

Ich habe das hier etwas ausführlicher dargestellt, um zu zeigen, wieviel im unbewußten Beziehungsgeflecht zusammenkommt. Als bestes theoretisches Vorstellungsmodell erscheint mir das aus der Gruppenanalyse stammende Konzept der Matrix von S. H. Foulkes. Es besagt: In einer therapeutischen Gruppe ergibt sich das unbewußte Thema – zum Beispiel Trennungsangst – aus den seelischen Vorgängen, an denen alle unbewußt teilnehmen. Foulkes sagt: In einer Gruppe interagieren nicht Personen, sondern seelische Vorgänge. Er spricht von transpersonalen Prozessen, ähnlich Magnetlinien, die durch alle Personen hindurchgehen. Das Paar ist eine Miniaturgruppe. Beachtet das Paar die wesentlichen Menschen, zu denen es ähnlich intensive Beziehungen hat, und die Strukturen, in denen es lebt, sieht es sich selbst also nicht isoliert, sondern als Knotenpunkt eines umfassenden Feldes, dann wäre es meines Erachtens möglich, die gemeinsamen Ereignisse angemessen zu verstehen. Aber das wollen die meisten gar nicht.

9. Liebe ist schon Geschichte, bevor sie beginnt.

Ludwig berichtet: «In Annette, die ich liebte, erlebte ich viele Züge meines Bruders Jens: zart, lieb, witzig, sehr durchlässig und mit einer dahinströmenden Sinnlichkeit – ich weiß nicht, wie ich es beschreiben soll –, etwa wie ein Wind durch die Bäume streicht. In Marina, die ich liebte, erlebte ich viele Züge meines Bruders Dicki: kraftvoll, fest, sehr herzlich, aber sehr, sehr trotzig mit sozusagen reichen inneren Kornkammern, in der Sinnlichkeit eher ein schöner großer Baum in einer weiten Landschaft. Jede Liebesbeziehung kann ich so nach der Beziehung zu meinen Brüdern wahrnehmen: Jens-Beziehungen und Dicki-Beziehungen oder auch Mischformen. Jens – so ist mein unbewußtes Erleben und hat sich auch in der Analyse ergeben – entsprang meiner ‹sexuellen› Beziehung zu meiner Mutter, als ich vier Jahre alt war. Mein Vater war damals im Krieg. Im Bild und in den Beziehungen von Jens ist also meine Mutter enthalten. Dicki heißt eigentlich nach meinem Vater Klaus und ist ihm im wesentlichen sehr ähnlich. In Dicki-Beziehungen ist meine Partnerin also unbewußt auch mein Vater. So sind meine geliebten Frauen in meinem meist nicht bewußten erotischen Leben sowohl meine Brüder als auch meine Eltern. Wenn ich es recht besehe, ist meine sogenannte Heterosexualität unbewußt auch sehr homosexuell.»

Sigmund Freud schrieb am 1. August 1899 an seinen Freund Wilhelm Fließ: «... die Bisexualität. Mit der hast du sicherlich recht. Ich gewöhne mich auch, jeden Akt als einen Vorgang zwischen vier Individuen aufzufassen.»

Das ist meines Erachtens eine noch bescheidene Annahme. Denn alle erlebten Beziehungen fließen in die aktuelle Beziehung ein. Die Basis jeder Liebesbeziehung ist in der Regel die Beziehung zu den Eltern, die Geschwister – wie in dem Beispiel deutlich – sind meist Folgefiguren der Eltern. Ohne daß wir es wahrnehmen, ist im Unbewußten also eine *innere Gruppensexualität* als seelische Basis gegeben. Diese Innenwelt erleben wir aber in der Regel außen, also etwa an unseren Liebespartnern, auf Grund von Übertragungen. Das tatsächliche Geschlecht derjenigen, auf die wir übertragen – ohnehin in seiner Tatsächlichkeit ständig überschätzt –, hat auf diese Übertragungen nur beschränkten Einfluß: Frauen können Väter ebenso repräsentieren wie Männer Mütter. Dabei ist innerhalb der Paarbeziehung entscheidend, daß eine Übertragung nur dann zustande kommt, wenn das Unbewußte des Partners, auf den übertragen wird, daran mitwirkt: Auch die Übertragung ist ein Beziehungssymptom. Das wird oft vergessen, insbesondere in psychologisch aufgeklärten Zirkeln, die sich wechselseitig ihre Übertragungen vorwerfen: «Schon wieder bin ich für dich die Mutter.» Jeder bringt als Mitgift seine gesamte Lebensgeschichte, alle seine erlebten Beziehungen mit in die Partnerschaft ein. Insofern ist Liebe Geschichte, bevor sie beginnt. Das große innere Beziehungsgeflecht auf beiden Seiten stellt gleichsam eine Art Bereitschaft dar, in bestimmter Weise zu reagieren. Wie blitzschnell sich in der unbewußten Kommunikation eine Übertragung–Gegenübertragung einspielen kann, das heißt, bestimmte Beziehungsbereitschaften sich abtasten und in eine konkrete Beziehungsform einmünden, ist an der wunderbaren Sekunde der «Liebe auf den ersten Blick» zu erkennen. Da ist unbewußt schon alles geschehen, das heißt hin und her gehandelt, bevor das träge Bewußtsein merkt, was los ist. Es hinkt ohnehin immer hinterher.

So ging es Anja mit Tom. Tom war ein in unseren Augen exotischer Farbiger aus Jamaica, voll mit Reggae-Musik und Rasta-Anhänger. Anja war Mitte dreißig, hatte zwei Kinder und war seit Jahren geschieden. Sie berichtet, noch nie so intensive erotische Ekstasen erlebt zu haben. Es sei ein Rausch, eine neue Welt habe sich ihr geöffnet. Nach Monaten dieser glücklich erlebten sexuellen Beziehung zog Tom schließlich in ihre Wohnung. In diesem Moment war zum Entsetzen von beiden alles aus. Tom verwandelte sich unvermittelt in einen Haustyrannen. Seine sonst bezaubernde erotische Aktivität weicht einer vollständigen sexuellen Interesselosigkeit. Einmal stellt er – nach einem heftigen Streit – den Teller Anjas von ihrem eigenen Tisch und meint: «An meinem Tisch kannst du nicht mehr mit mir gemeinsam essen.» Dieser Satz läßt aufhorchen, weil Tom sich auf diese Weise mit seiner im Ursprungsland mächtigen Mutter identifizierte und den Teller vom Tisch stellte, wie es eine Mutter mit unerzogenen Kindern zu tun pflegt. Anja ist zunächst verdattert und wie gelähmt. Nach einiger Zeit besinnt sie sich, will sich das nicht mehr bieten lassen und weist ihn aus ihrer Wohnung.

Kaum ist Tom aus der Wohnung heraus und hat sein eigenes Domizil gefunden, blüht die Beziehung erotisch wieder auf, und so erzählt Anja mit Genuß: Es fallen die Küsse wieder vom Himmel wie die Blätter im Herbst.

Was ist hier mit dem so plötzlichen und dramatischen Wechsel in der Beziehung geschehen? Die hocherfüllte nächtelange Liebe ist offensichtlich ein Ergebnis einer tiefen Spaltung des Frauenbildes von Tom: Sie ist hier die zu erobernde Geliebte, gleichsam außer Hause. In dem Augenblick, indem er die Wohnung von Anja betritt, wird er selbst abhängig von der mächtigen Mutterfigur. Er identifiziert sich aber mit dieser mächtigen Figur, sozusagen mit dem Aggressor, um der ihm unaushaltbar scheinenden passiven Auslieferung zu entgehen, und wird zum Patriarchen, genauer gesagt: zum Matriarchen. Mit mütterlicher Fülle sieht er alsbald die Wohnung als sein Eigentum an, kocht, tischt auf und bestimmt, alles ohne einen Funken des noch vor kurzem so sprühenden, tiefen und umfassenden Liebesfeuers. Nachdem ihn Anja aus der Wohnung gewiesen hat, ist alles wiederhergestellt: ihr Liebesglück ist so vollständig wie vorher.

An diesem kleinen Beispiel zeigt sich eine dramatische Veränderung des sexuellen Erlebens durch einen unbewußten Wandel der Paarbeziehung. Der Anteil, den Anja an der Übertragung der mächtigen Mutterfigur von Tom auf sie hat, ist wenigstens ein sozusagen institutionelles Moment: nämlich die Tatsache, daß sie ihre Wohnung zur Verfügung stellt und damit wie eine Mutter ein Haus, eine Heimat bietet. Das Beispiel zeigt auch, daß es Möglichkeiten im Leben gibt, durch ein besonderes Setting für die Liebe – hier das distanzierte Wohnen – negative Übertragungen aus der Beziehung herauszuhalten.

10. Liebesbeziehungen seit der frühen Kindheit bilden die Identität eines Menschen und seiner gegenwärtigen Beziehungen.

Ludwig, von dem der erwähnte Bericht über die Geschwister- und Elternübertragungen stammt, hat noch mehr zu berichten:

«Meine ziemlich homosexuelle Heterosexualität», sagt er in der Gruppe, «wird nur noch übertroffen durch eine Einsicht, die ich schon vor Jahren in einer bestimmten Phase meiner Eigenanalyse gewann: daß ich nämlich im Grunde lesbisch bin. Mit meinen Frauen bin ich als Frau zusammen. Ich habe viele Ähnlichkeiten mit meiner Mutter. Zwischen meinem dritten und achten Lebensjahr habe ich meinen Vater gar nicht gesehen, ich hatte ja nur meine Mutter als Vorbild und im übrigen noch für zwei jüngere Brüder zu sorgen.»

Familiendynamisch hatte die Geschwisterposition als ältester von Brüdern sicher frühzeitig die ohnehin unvermeidliche Identifikation mit der Mutter gefördert. Zunächst können wir also erkennen, daß zu den Übertragungen auch die lebensgeschichtlichen Identifikationen eine entscheidende Rolle im Leben spielen.

Stendhal schreibt in seiner Autobiographie:

«Erst neulich, als ich auf dem einsamen Weg oberhalb des Albaner Sees über das Leben nachsann, fand ich, daß mein Leben in folgenden Namen zusammengefaßt werden kann, deren Initialen ich ... mit meinem Stock in den Staub schrieb, während ich auf der kleinen Bank hinter dem Kalvarienberg ... saß ...
Virginie (Kubly)
Angela (Pietragrua)
Adèle (Rebuffel)
Melanie (Guilbert)
Mina (von Griesheim)
Alexandrine (Petit)
Angeline (die ich nie geliebt habe)
Métilde (Dembowski)
Clementine
Giulia.
Und schließlich, einen Monat oder länger, Madame Azur, deren Taufnamen ich vergessen habe, und unvorsichtigerweise gestern Amalie (Bettini).

Die meisten dieser reizenden Wesen haben mich nicht mit ihrer Gunst beehrt; aber sie haben buchstäblich mein ganzes Leben ausgefüllt. Ihnen folgten meine Werke ...

Der zur Gewohnheit gewordene Zustand meines Lebens war der des unglücklich Liebenden, der die Musik und die Malerei liebt, das heißt, der die Schöpfungen dieser Künste gern genießt und sie nicht linkisch ausübt. Mit erlesenem Feingefühl habe ich den Anblick schöner Landschaften gesucht; einzig deshalb bin ich gereist. Die Landschaften waren wie ein Geigenbogen, der auf meiner Seele spielte. Anblicke, die niemand zu erwähnen pflegte (die Kette der Felsen, die man – glaube ich – sieht, wenn man sich Arbois auf der Landstraße von Dôle herkommend nähert, war für mich ein wahrnehmbares und eindeutiges Abbild von Métildes Seele). Ich sehe, daß ich die Träumerei allem vorgezogen habe, selbst dem, als ein geistvoller Mann gelten ...
Seit ich in Rom bin, habe ich kaum einmal in der Woche Geist, und dann nur fünf Minuten, ich träume lieber.»

Stendhal gab seine Identität in Form von Beziehungen zu geliebten Frauen wieder. In einer Fußnote macht er deutlich, daß alle als Grundlage seine Mutterbeziehung hatten: «... und mit welcher Zärtlichkeit denke ich an meine Mutter, die seit 46 Jahren tot ist. Ich kann also frei und offen über ihre Fehler sprechen.» Und tatsächlich ist unser aller Identität das Gesamt erlebter Beziehungen, von denen die frühkindlichen bis zum sechsten Lebensjahr die prägendsten sind. Unser erotischer Reichtum und unsere erotische Armut sind unmittelbar verknüpft mit den langfristigen, tiefen, erlebten Beziehungen. Ihre Wiederbelebung, ihre Aktualisierung ist je nach aktueller Beziehung und Situation unterschiedlich.

«Ralph, ein Jurist, verhielt sich seiner Frau gegenüber wie sein strenger, einschränkender Vater und seiner Tochter gegenüber gewährend und fließend, so, wie seine Mutter mit ihm umging.»

Das heißt: Übertragungen und Identifikationen sind keine von vornherein festgelegten Momente des erotischen Lebens. Sie verändern sich nicht nur von Beziehung zu Beziehung, sondern meist auch innerhalb der Beziehung im Laufe der Zeit. Es ist jeweils zu überprüfen, inwieweit die gegebene Situation die Übertragung hervorruft oder die Übertragung die gegebene Situation. Anna Freud wies darauf hin, daß die so oft herangezogene genetische Perspektive viel weniger wirksam sei als die psychoökonomische. Das heißt: ich übertrage, um ins seelische Gleichgewicht zu kommen, und suche mir die Übertragung dafür aus. Insofern sind also Übertragungen kein unabänderlicher Wiederholungszwang seit der Kindheit. Sie müssen nicht ausschließlich und nicht fixiert sein.

Vielleicht wird von hier aus deutlich, wie wenig man aus den Datenbergen über sexuelles Verhalten gewinnen kann, die aus dem Lebenszusammenhang, aus den alltäglichen Beziehungen und aus den Träumen isoliert, dann zusammengeharkt und schließlich dem eigenen Konzept zugeordnet werden. Oder wie sehr wir das Liebesleben verhunzen, wenn wir versuchen, es in Neurotransmittern und Hormonzirkeln wiederzugeben – eine stille Erwartung zahlreicher Patienten, die ihre Impotenz lieber auf eine Mechanik ihres Körpers zurückführen als auf ihre bedrohliche Lebensgeschichte und die unbewußte Angst in der Beziehung. Die Entfremdung bezieht sich nicht nur auf den Partner. Für mich ist dafür das eindruckvollste Symptom, daß sich ein Paar kaum noch über das unmittelbare sexuelle Erleben austauscht, selbst wenn die Situation noch so sehr danach schreit. Sie können gar nicht mehr die erotische Lebendigkeit des anderen miterleben. Die einfachsten sexuellen Störungen können dann – abgeschnitten von aller Phantasie – nicht mehr entschlüsselt werden und werden oft als scheinbar unvermeidliches organisches Faktum liegengelassen.

Was spricht denn etwa der schlaffe Schwanz? Ich zitiere Sam Keen:

«Nein.
Nicht jetzt.
Ich empfinde keine Begierde.
Ich will nicht intim mit dir zusammensein.
Ich kenne dich noch nicht gut genug.
Ich fürchte, du wirst mich verschlingen.
Alle meine Zeit, Energie, Freiheit in Anspruch nehmen.
Ich fürchte, ich bin als Liebhaber nicht gut genug, um dich zu befriedigen.
Ich habe Angst vor den Folgen.
Ich habe Angst, die Beherrschung zu verlieren.
Ich bin sauer.
Ich gönne dir keine Lust.
Ich will dich bestrafen, weil du mich betrügst, mißachtest, benutzt, nicht ernst nimmst.
Ich traue dir nicht.
Ich ziehe mich von dir zurück.
Ich nehme dir deine Forderungen übel.
Ich habe es satt, so zu tun, als sei ich immer kräftig und beherrscht.
Manchmal bin ich klein und verängstigt und will getröstet werden.
Ich will überhaupt nichts tun.
Ich will, daß du aktiv wirst!
Ich habe es einfach satt. Ich will erst dann mit dir schlafen, wenn ich Vertrauen, Zärtlichkeit und Verlangen empfinde.»

Und genau dasselbe – mit Variationen – ist für die sogenannte Frigidität auszuführen. Am leichtesten zu entschlüsseln ist die innere Botschaft durch das Paar selbst. Denn beide Seiten wirken an dem Symptom mit. Allein auf den tatsächlichen Gehalt eines Symptoms zu kommen ist zwar auch möglich, aber mühseliger und umständlicher.

Die erwähnten Identifikationen können von Übertragungen nicht abgespalten gesehen werden. Denn sie entsprechen beiden Seiten einer verinnerlichten Beziehung. Eines erläutert das andere. Ralph ist seiner Tochter gegenüber seine Mutter, während die Tochter für ihn ein Aspekt seines Selbstes wiedergibt, und zwar jenes Selbstes, das in der Beziehung zur Mutter aktualisiert war – sehr häufig ist zu beobachten: in genau demselben Alter, in dem das Kind sich gerade befindet. Wenn es einem gelingt, zusammen mit den eigenen Kindern intensiver zu erleben, dann kommt man aus dem Staunen nicht heraus, wie sehr sie bei einem selbst die sexuelle Entwicklung beleben. Jeder erlebt dann den Zauber und die Ängste dessen, was Sigmund Freud die «polymorph-perverse Sexualität» des Kindes nannte, die aber im Grunde die Sexualität des Menschen in allen Altersstufen ist.

In dieser Form erziehen die Kinder viel mehr ihre Eltern als umgekehrt und beleben deren Liebesleben, wenn nicht das elterliche Entsetzen die in Lust und Angst unbefangenen sexuellen Äußerungen der Kinder von vornherein in die gewünschte Ordnung zwingt oder ganz unterbindet. Daß diese kindlichen sexuellen Äußerungen in einem Erwachsenen dessen erotische Beziehung zu seinen Eltern wiederbeleben, ist aber eine besondere Chance, sich selbst zu begegnen und vielleicht in den Hintergrund geratene oder verdrängte Impulse in sich anzunehmen. In unseren Liebespartnern sehen wir – wie erwähnt – die Urbilder unserer Eltern und Geschwister. Vieles, was wir mit Geliebten erleben, hat den Charakter der Deckerinnerung, das heißt, es verweist auf frühere Erlebnisse, die uns nicht bewußt sind. Wenn das Unbewußte offen in eine erlebte Beziehung einströmt, haben wir manchmal ein Déjà-vu-Erlebnis. Meistens aber ist das Erleben abgeschwächter. Wir sehen dann plötzlich Ähnlichkeiten.

Melanie ist seit kurzem mit Alf zusammen. Nach einigen Wochen sagt sie: «Du kommst mir vor wie Wolfgang, selbst deine Gesichtszüge manchmal.» Wolfgang war eine frühere Liebe. Alf ist beleidigt: «Ich bin nicht Wolfgang», sagt er. «Ich bin Alf. Verwechsel mich nicht.»

Diese Reaktion ist häufig. Wir fühlen uns nicht ernst genommen, zweitrangig, fast mißbraucht. Es kommt in dieser Reaktion vieles zusammen. Es geht immer auch um eine Kränkung. Die erste Kränkung bezieht sich darauf, daß wir nicht der einzige Partner sind. Wir sind eine Wahl unter vielen möglichen. Wir sind stets eine nachfolgende Wahl, ein Moment in der Lebensgeschichte. In der Psychoanalyse sagt man scherzhaft, selbst wenn wir allererste Wahl wären, eine spektakuläre Rarität, wären wir dennoch zweite Wahl. Denn die erste und intensivste Liebesbeziehung haben wir alle als Kind zu unserer Mutter oder zu unserem Vater erlebt. Diese unangenehme Relativierung, die unser aus der Ohnmacht geborenes Größenselbst schmerzlich spürbar werden läßt, wird noch gesteigert, wenn wir uns klarmachen (was wir in der Regel unterschlagen), wie außerordentlich zufällig wir unsere Partner finden. Sicher ist unsere Wahl annäherungsweise zehnmal mehr vom Unbewußten als vom Bewußten bestimmt. Aber auch das Unbewußte ist angewiesen auf die gegebenen Verhältnisse. Der Protest, den Alf äußert, nicht mit einem anderen verwechselt zu werden, ist ein hilfloses Ablenkmanöver von der ohnehin gegebenen sozusagen allseitigen Abhängigkeit und Verwechslung. Es geht eben nicht darum, was wir an und für sich sind, sondern darum, was wir jeweils für den anderen bedeuten. In einem gewissen Umfang sind wir alle abhängig von der Kombination zweier Lebensgeschichten.

Ich komme noch einmal auf Alf zu sprechen. Sein Protest übergeht etwas Wesentliches: daß nämlich auch er diesen Zustrom des Bildes von Wolfgang, diese Übertragung, unbewußt aktiv mitbewirkt. Das Bild des realen Wolfgang ist das Bild einer Seite von Alf. Er ist an der Wiederbelebung seiner Wolfgang-Seite selbst unbewußt interessiert, sonst käme sie innerhalb der Beziehung nicht auf. Der Vorwurf «Verwechsel mich nicht» gehört eben genau zu den Vorwürfen, die im Bewußtsein eines unbewußten Zusammenspiels (einer Kollusion) keinen Boden mehr haben. Mit dieser Einsicht kommt – wie erwähnt – die Frage auf, warum das nun zwischen Alf und Melanie geschieht. Die Gestalt von Wolfgang repräsentiert im Moment der Liebesentwicklung das, was (aus welchen Gründen auch immer) im Augenblick unbewußt aktualisiert ist. Solche Einblendungen vergangener und manchmal auch gegenwärtiger Gestalten sind Ergebnisse einer inneren, integrativen Entwicklung. Die vergangenen Beziehungen verbinden sich mit der Gegenwart. Und das heißt: Die Beziehung gewinnt an Leben, wie immer, wenn Getrenntes, Abgespaltenes wieder in den Zusammenhang des Ganzen aufgenommen wird. – Nichtsdestotrotz sagen viele, die sich getrennt haben, unerschüttert: «Das ist für mich endgültig Vergangenheit. Von meinem Partner will ich nichts mehr wissen.» Sie übersehen dabei zweierlei: daß jede erlebte Beziehung nicht mehr aus dem Inneren auszuradieren ist und mit Sicherheit die gegenwärtigen und kommenden Beziehungen bis in feinste Nuancen des sexuellen Erlebens beeinflussen wird und daß ein solcher «Mauerbau» einer Verdrängung in statu nascendi entspricht, das heißt, eine Selbstverkürzung der Person darstellt. Ludwig berichtete demgegenüber eines Tages in der Gruppe:

«Mit Petra erlebe ich ganz unmittelbar, wie sich meine vergangenen Liebesbeziehungen in unsere Beziehung einschmelzen. Sie war für mich eine Mischung aus Dicki und Jens, wohl sehr ähnlich mit Konstanze, mit der ich zwei Jahre zusammen war, glich dann eine Zeitlang sehr meiner großen Liebe Grit, und manchmal sah ich sie lachen wie meinen Freund Manfred. Ohnehin war das Entscheidende, daß sie der verläßlichen und unzuverlässigen Seite meines Vaters und meiner Mutter entsprach. Aber sie blieb auch immer Petra in ihrer Art. Ich habe richtig gefühlt, wie die Beziehung durch die einfließenden Gestalten wuchs. Sozusagen aus den Wurzeln meiner Geschichte. Inzwischen ist mir klargeworden, daß Petra und ich diese Entwicklung natürlich gemeinsam in Gang setzten.»

11. «Entwicklung kennt keine Sicherheit.» Weil die Paarbeziehung unvermeidlich labil ist, macht sie uns angst.

Unsere Entwicklung steht nicht still. Jedes Paar – und fühle es sich noch so stabil – durchläuft eine Entwicklung. Unbewußt nehmen wir das wahr. Wir versuchen es meist abzuschwächen. Die Brisanz, die darin liegt, daß wir uns entwickeln, faßt der taoistische Dichter Tschuang-tse in die lakonischen Worte: «Entwicklung kennt keine Sicherheit.» Sie macht also angst. Angst ist der größte Widersacher der Liebe. Sexuelles Erleben kann durch – bewußt gefühlte oder unbewußte – Angst völlig darniederliegen. Die heutige Paarbeziehung ist aber nicht nur ein Gefäß für die Liebe, sie erzeugt unvermeidlich auch Ängste. Die Angst stammt aus den vielfältigen Belastungen des heutigen Paares und aus der unentrinnbaren und unentbehrlichen Labilität jeder Paarbeziehung. Ich möchte einige Momente nennen, die mir in diesem Zusammenhang wesentlich erscheinen.

1. Das Paar lebt nicht im Vakuum. Es ist durch und durch ein Gebilde der gegenwärtigen Gesellschaft. Es trägt alle Widersprüche des heutigen Existierens in sich. Vor allem muß es mit dem absoluten Vorrang des zielorientierten Leistens und entfremdeten Arbeitens vor dem Leben fertig werden. Die Verstofflichung des Menschen im Kapitalismus, die Mann-Frau-Spaltung, die Dominanz der Technik, lassen die Frage nach der Paaridentität provinziell erscheinen. Das Paar ist ein Produkt der langfristigen Gesellschaftsentwicklung und hätte deren menschenunabhängige Bedingungen zu verarbeiten.

2. Das Paar hat die immer unzulänglicher werdende Lebensgeschichte beider Partner aufzunehmen und zu entwickeln. Die heute vorherrschenden narzißtischen Schäden, denen gegenüber neurotische Konflikte harmlos erscheinen, sind die doppelte Mitgift jeden Paares. Das Paar ist längst zu einer therapeutischen Institution geworden, ohne es zu wissen. Es ist aber für diese Aufgabe in keiner Weise ausgestattet.

3. Das Paar hat sich ironischerweise mit den unübersehbaren Schwierigkeiten auseinanderzusetzen, die daraus folgen, daß es sich auf zwei Personen beschränkt. Dieses Setting verschlimmert besondere Konflikte, zum Beispiel die frühe Mutterübertragung. Es steigert damit die unbewußte Angst von zwei Seiten – und erschwert dadurch die Verarbeitung von Defekten und Konflikten. Dieses Setting zwingt das Paar zur gemeinsamen Angstabwehr. Und es erhöht durch die damit gegebene wechselseitige und pathogene Abhängigkeit und Verklammerung die Beschränkung auf sich selbst, an der es leidet. Daher sagt C. G. Jung vielleicht: «Die Voraussetzung für eine gute Ehe ist die Freiheit, dem Partner untreu werden zu dürfen» (Chang, 1983).

4. Das Paar hat zusätzlich zu diesen enormen Belastungen noch die unvermeidlichen Krisen seiner eigenen Ent-

wicklung zu bewältigen: die Anfangsphase der Paarbildung; die Phase der Erfüllung der Lebensaufgaben in Beruf und Familie; die Phase des Alters – alles Krisen, die schon für sich allein erhebliche Kraft und Geschick zur angemessenen Lösung benötigten.

5. Dem Paar fehlt in dem ganzen Elend ringsum ein Vorbild, konfliktfähig und liebesfähig zu werden. Es findet keine entwickelte Liebeskultur vor, deren Erfahrungen helfen könnten, das Beziehungsleben und die gemeinsame Liebe befriedigend zu entfalten. Es gibt kaum etwas, was aus den heute zu unserem täglichen Leben gehörenden Störungen der Beziehung und der Erotik herausführen könnte. Paarpsychotherapie ist ein Tropfen auf den heißen Stein.

Diese Belastungen verschwinden nicht von allein oder durch Beziehungswechsel. Ich glaube, es ist sehr nötig zu erkennen, daß wir Verantwortung für unsere Liebe übernehmen müssen, wenn wir sie überhaupt noch am Leben erhalten wollen. Meines Erachtens zeigt die Situationsanalyse einen Ausweg auf: Wir brauchen erstens eine Beziehungsform, in der wir uns besser entwickeln können, in der wir insbesondere unsere Defekte und Konflikte wahrzunehmen und zu lösen in der Lage sind, und wir brauchen zweitens das Vorbild einer umfassenden, möglichst ganzheitlichen erotischen Erfahrung. Bevor ich darauf komme, möchte ich ein Beispiel für einen vergleichsweise unkonventionell offenen, wenn auch heimlich recht häufig geübten Versuch bringen:

Christiane und Wilhelm kamen in die Gruppe, weil Christiane sich seit einigen Jahren weigerte, mit Wilhelm zu schlafen. Sie hatte keine Lust, war vollkommen trocken und geriet – falls es überhaupt noch zu einem Antrag von Wilhelm kam – in Panik. Nach einem Jahr Paargruppenanalyse berichtet Wilhelm wie nebenbei, daß sie nun wieder mal miteinander geschlafen hätten. Wilhelms und Christianes Kollusion wehrte ihre Sexualangst ab. Diese Angst allerdings schien nur bei Christiane vorhanden zu sein. Nach Jahren der sexuellen Enttäuschung hatten sich beide darauf geeinigt, daß jeder frei sei, sich in andere Beziehungen einzulassen. Das ist der harte Alltagskern des Satzes: «Die Liebe ist das Kind der Freiheit.» Die wechselseitige Freigabe und die von beiden getroffene Vereinbarung ersparten ihnen – zu ihrer Überraschung – keineswegs die heftigsten Schuldgefühle. Nachdem Christiane eine sehr intensive Außenbeziehung erlebt hatte und diese aus äußeren wie inneren Umständen abgeschlossen war, hatte sie ihre bisherigen Ängste im sexuellen Bereich soweit überwunden, daß sie mit Wilhelm wieder schlafen konnte. Ihre verbleibende Angst zeigte sich darin, daß Christiane in der Gruppe davon nicht sprach, obwohl sie dort viel und über viele Dinge gesprochen hat. Sie konnte, wie sie später sagte, nicht ganz dazu stehen. Aber auch Wilhelm entdeckte, daß er von Ängsten nicht so frei war, wie es schien. Er berichtete von einer Fahrt, auf der er mehreren Frauen begegnete. Er hatte an sich beobachtet, wie er sich aus der Verantwortung stehle. Er warte einfach, bis die Frauen auf ihn zukämen. Im übrigen richte er es häufig so ein, daß er die Rolle eines Helfers in seelischer Not übernehme. Immerhin war dem Paar ein bedeutender Entwicklungsschritt gelungen. Wie nicht anders zu erwarten, war auch hier der Grund des Konflikts die nicht gelungene Ablösung von der sogenannten negativen Mutter. Jede Paarbeziehung nimmt die großen und auch hemmenden Übertragungen aus der seelischen Frühgeschichte beider Partner auf sich, sobald sie bedeutender wird oder durch längeres Zusammensein an Intensität gewinnt. Das Verfahren von Christiane und Wilhelm werden längst nicht alle Paare ideal finden. Immerhin haben diese beiden auf diese Weise mehr Selbständigkeit gewonnen und die Blockade ihrer ehelichen Sexualität aufgelöst. Und das ist viel.

Das Beispiel führt auf ein weiteres Dilemma und ergänzt die eben genannten fünf Belastungen: Ich bin in meinen unterschiedlichen Partnerschaften derselbe und fühle mich jeweils doch ganz anders. Jede Beziehung ruft in mir bestimmte Möglichkeiten und Bereitschaften wach, andere nicht. Ich werde jeweils anders angesprochen und bin dann jeweils auch ein anders Lebender. Auch sexuell ein anders Erlebender.

In den «Briefen eines Unbekannten» von Alexander von Villers heißt es am 27.12.1877:

«Ich habe einen Aberglauben an den Zwischenmenschen. Ich bin es nicht, Du auch nicht, aber zwischen uns entsteht einer, der mir Du heißt, dem anderen ich bin. So hat jeder seinen Zwischenmenschen mit einem gegenseitigen Doppelnamen, und von all den hundert Zwischenmenschen, an denen jeder von uns mit fünfzig Prozent beteiligt ist, gleicht keiner dem anderen. Der aber denkt, fühlt und spricht, das ist der Zwischenmensch, und ihm gehören die Gedanken; das macht uns frei.»

Oder anders am 28. 2. 1879:

«Der Zwischenmensch ist eine nur zwei bestimmten Menschen eigene und angehörige Vorstellung vom anderen. Das B zwischen A und C in der Mitte.» (Vgl. Martin Buber 1979, S. 298)

Der Zwischenmensch erscheint bei Villers als *eine* Gestalt, in der die beiden Ansichten der Partner voneinander verschmolzen sind. Er gleicht – so sehe ich es – dem besonderen Wir eines Paares und seinem unbewußten Anteil, den wir heute als Kollusion auffassen. Mir geht es jedoch um den Zwischenmenschen, den ich in einer bestimmten Beziehung darstelle oder den du in einer bestimmten Beziehung darstellst: also um den durch die besondere Beziehung aktualisierten, wirksamen Teil des Ichs, um das Beziehungs-Ich, das Wir-Ich und entsprechend um das Beziehungs-Du und Wir-Du. Dies geht weit über eine Übertragung hinaus. Es ist die entscheidende Relativierung und Begrenzung unseres Selbst. Denn das allgemeine Ich und Du – so wie wir durchschnittlich in allen Beziehungen sind – ist ein Abstraktum, das in einer konkreten Lebenssituation nicht auftritt.

Eine bestimmte Beziehung führt also nur zu einer einzigen bestimmten Selbstverwirklichung. Damit büße ich andere Entwicklungsmöglichkeiten ein. Diesen «Gewinn mit Verlust» wägen wir bewußt oder unbewußt alle. Ob bewußt oder unbewußt: eine Beziehung als die entscheidende seelische Umwelt läßt eine bestimmte Entwicklung zu und schließt eine andere aus. Daher die unvermeidliche Labilität einer Zweierbeziehung: Verwirkliche ich eine Linie, steigt das Gefühl des ungelebten Lebens in anderen Bereichen an und drängt unbewußt oder bewußt zu anderen Beziehungen.

Darin ist auch das Geheimnis unseres Wunsches nach Abwechslung zu suchen, ein immer wieder verleugneter Impuls, auch im erotischen Leben, der unserem Wunsch nach Geborgenheit und Sicherheit so sehr in die Quere kommt. Abwechslungslust gilt für Mann und Frau gleichermaßen, wenn die Rollenverteilung auch manchmal ein ganz anderes Bild zu ergeben scheint. Sehr häufig wird der Konflikt zwischen Bewahren und Entwickeln im gemeinsamen unbewußten Handeln auf gegensätzliche Rollen verteilt: einer beharrt auf der Geborgenheit bietenden Ausschließlichkeit, der andere drängt auf Erweiterung und Entwicklung. Abwechslungslust entspringt also einem Entwicklungsbedürfnis. Mangel an Abwechslung tötet das Begehren. Die daraus entstehende Labilität ist so gesehen eine Lebensnotwendigkeit.

Entschließt sich nun ein Paar, um diesen indirekten Entwicklungsverlust zu mildern, zu einer möglichst offenen Entwicklung, das heißt also zu einer großen, breiten, *gemeinsamen* Erfahrung, sorgt es also durch vielfältiges Leben miteinander für Abwechslung *innerhalb* der Beziehung, dann wird die Labilität leider nicht viel geringer: Entwicklung kennt keine Sicherheit. Gerade eine lebendige Partnerschaft kann sich des nächsten Morgens nicht sicher sein. «Ich weiß nicht, wie wir – ich und du – in einem Jahr sein werden», lautet das Credo eines sich entwickelnden Paares. Wird es dann noch gut sein, zusammenzuleben oder nicht? Wissen kann es keiner. Diese Unsicherheit bei stärkerer Entwicklung mobilisiert ebenfalls Angst und erhöht die Labilität.

Kommt es aber umgekehrt, ist die lebensgeschichtlich entstandene Angstmenge vor der Leere, vor der Destruktivität, vor der Ambivalenz groß, die von beiden Seiten in die Partnerschaft einströmt, und wird sie durch die strukturelle Verflechtung der Beziehung, durch Kollusion, abgewehrt nach dem Motto: «Doppelt genäht hält besser», dann scheint zunächst dem Sicherheitsbedürfnis Genüge getan. Die Geborgenheit wird zum Reifemerkmal erhoben. Die *moralische* Einstellung verdrängt die *verstehende* Einstellung. Die Beziehung des Paares wird nach außen fest abgeschlossen. Diese besonders stabil aussehenden Paarbeziehungen entsprechen oft einem Angstsymptom. Sie sind doppelt gefährdet: Erstens verschärft der konservierende Status quo die Entwicklungsversäumnisse, und zweitens bleibt die innere Lava der eigenen Angstmassen ständig mobil. Die hohe Labilität rumort unter der Kruste einer Zwangsform, deren hohe wechselseitige Abhängigkeit sich eben aus der Methode der Angstabwehr ergibt: «Ich bin auf dich angewiesen, weil du die Angstbewältigung garantierst.»

Eine solche phobische Klammerbeziehung – meist ein pseudoprogressiver Mann und eine regressive Frau – ist heute die Regel und – wenn die Standesamttexte zur Eheschließung so aufgefaßt werden können: Treue bis zum letzten – gesetzlich vorgeschrieben. Wir können aber keine Sicherheit gewinnen durch den Versuch, unsere Entwicklung anzuhalten. Sie vollzieht sich immer. Meinen wir, die Entwicklung gestoppt zu haben, werden wir eines Tages jäh aus dieser Verleugnung herausgerissen, wenn einer unvermutet Abschied nimmt. Dann erkennen wir nachträglich, daß die Entwicklung unbemerkt weiterging und daß wir uns nur hinweggetäuscht haben über unsere Unfähigkeit, mit der Entwicklung zu leben.

Ferdinand kommt erregt in die Sitzung. Er sieht mitgenommen aus. Er habe gerade gehört, daß die Frau seines Freundes plötzlich und entschlossen die Ehe aufgekündigt habe. Er kenne das Paar seit sieben Jahren und habe es als Inbegriff einer stabilen und glücklichen Beziehung erlebt. Sein Freund sei völlig am Ende, er verstünde nichts mehr. Ferdinand bemerkt noch, daß *seine* Ehe zum Glück nicht gefährdet sei. Das sei sein einziger Trost. Ihm wird aber schnell klar, daß sein beruhigter Zustand genau der Zustand seines Freundes gewesen ist, bevor seine Frau ihn verließ.

Für solche plötzlichen Trennungen, die keineswegs immer wieder rückgängig gemacht werden, ist nach meiner paartherapeutischen Erfahrung die wahrscheinlichste Ursache, daß wesentliche Bedürfnisse von Mann und Frau nicht zur Sprache kamen. Sie sind oft sogar beiden unbewußt geblieben – meist aus Angst vor Konflikten. Sie konnten deshalb natürlich auch nicht aufeinander abgestimmt werden. Einer fühlt sich meist stärker unterdrückt als der andere. Doch gibt sein Gefühl auch das unterdrückte (verdrängte) Gefühl des anderen wieder. Eine Trennung kann richtig sein, meist aber bleibt sie ein blinder Beziehungsabbruch, in dem nichts aufgearbeitet wird und darum vieles später wiederholt werden muß.

Wenn auch die Grundkonflikte des Paares *nie ganz* behoben werden können, so gibt es doch in dieser ängstigenden und belastenden Situation klare Leitlinien. Wir benötigen eine Chance, uns zu entwickeln, ohne uns zu verlieren. Und wir müssen viel intensiver, als wir es vermuten, unsere wechselseitigen Bedürfnisse aufeinander abstimmen. Das beste erotische Vorbild würde wenig fruchten, wenn wir keine Möglichkeit hätten, unsere Beziehung anders als bisher gewohnt zu entwickeln. Als einen ersten Beitrag zur Veränderung der Alltagspraxis haben sich die wesentlichen Zwiegespräche bewährt, die in den «Briefen an Celia» (Seite 11 bis 35) dargestellt werden. Solche Zwiegespräche wirken als starkes seelisches

Aphrodisiakum – und wirken schon bald nicht nur seelisch.

12. Das leere Ich plombiert sich mit dem leeren Du.
Einer wird zum Rohstoff des anderen.

Unser Beziehungselend läßt sich persönlich wie gesellschaftlich aufzeigen. Es handelt sich um die beiden Seiten derselben Medaille. Unsere Persönlichkeit ist Gesellschaftsgestalt; sie ist auf komplexen Wegen verinnerlichte Gesellschaft. Unser persönliches Erleben ist heute geprägt durch den Mangel an inneren wie äußeren Lebensmöglichkeiten. Das große Symbol des am Leben enttäuschten Menschen ist die sogenannte «negative Mutter», der wir selbst so gleichen. Nur wenige rasen vor Zorn, die meisten haben resigniert. Um Trauer zu entwickeln, scheint mir der Mangel an tiefen, langfristigen, lebendigen Beziehungen zu groß, zu bitter. Wenn uns Beziehungen fehlen, wachsen wir unvollständig auf. Wir leben etwa seit dem Zweiten Weltkrieg im Zeitalter der narzißtischen Schädigung. Es ist die Zeit, die der Philosoph Günther Anders definiert als dritte und letzte industrielle Revolution, die durch den Zwang, das verwendbare Produkt auch zu verwenden, irgendwann mit ihrem destruktiven Hauptprodukt, der Atomwaffe, Selbstmord und Mord gleichzeitig begehen wird. Darin gleicht sie den Menschen, die eben an narzißtischen Schäden leiden, uns also, die wir im Grunde nicht anders als mehr oder weniger Verwahrloste sein können. Die allgegenwärtigen Merkmale des narzißtischen Schadens zeigen das: Suizidal, kriminell, süchtig, sadistisch oder masochistisch oder nur noch angepaßt – die Vernichtung wurzelt in der Wut über das Nichts in unserem Leben. Schließlich wird nur noch vernichtet, was ohnehin schon vernichtet ist. Es ist ein Hohn des Schicksals, daß wir, die ohnehin Entleibten, mit dem Maschinenkörper, den die Medizin prägt, uns entleiben. Die Leere in uns, die Lücken unseres Selbst, stopfen wir mit Ersatz. Das macht die Sucht aus nach Alkohol, Sex, Arbeit, Medikamenten oder der Ersatzwelt der Massenmedien. Ist es das nicht, ist es oft schon unser sogenannter Nächster.

Mutter und Tocher, sagt Maria Torok, füllen wechselseitig ihre Leere. Der Sohn steht da nicht abseits. Mann und Frau legen dieses wechselseitige «Zubehörverhältnis» neu auf. Woran Unheimliches sichtbar wird: nämlich daß ich mich mit dem, der sich auch leer fühlt, aufzufüllen versuche.

Jochen ist ein hochintelligenter Manager. Sein Leben, sein Beruf sind geradezu genial organisiert. Er hat natürlich viel zu tun. Er geht in seiner Arbeit auf. Aber, sagt er, er wisse mit sich selbst im Grunde nichts anzufangen. Als er sich nach längerer Paartherapie endlich einmal abends Zeit nimmt und mit seiner Frau vor dem Kaminfeuer sitzt, spürt er in sich nichts. Er ist leer, er weiß nicht, was das soll, er hält es für Zeitverschwendung.

Wer diese Leere noch fühlt, ist sich nicht ganz verlorengegangen. Er hat doch noch eine Beziehung zu sich, wenn auch eine trostlose. Die meisten Männer sind mehr oder weniger so wie Jochen. Die seelischen Lücken, die inneren Defekte der Männer sind nach meiner Erfahrung viel ausgeprägter als die der Frauen, obwohl das in der Öffentlichkeit selten so dargestellt wird.

Bei Männern sind sie deswegen so schwer auszumachen, weil Männer im Gegensatz zu Frauen oft nicht einmal in der Lage sind, diese Leere und das Leiden zu fühlen und auszudrücken. Der Verlust an Leben bei Mann und Frau ist natürlich gesellschaftlicher Zwang. Das leere Ich füllt sich mit leerem Du. Geht diese Entwicklung weiter – und nichts spricht dagegen –, dann sind wir bald tatsächlich bei der Verstofflichung, die weit über die Verdinglichung hinausgeht. Einer wird zum Rohstoff des anderen, einer ist die Plombe des anderen. Homo materia, wie Günther Anders sagte: der Mensch als Rohstoff.

13. «Ich könnte dich vor Liebe fressen»:
die kannibalistische Liebe ist Ausdruck unseres aggressiven Lebenshungers.

Selbst bei einem Mann wie Jochen ist zu erkennen, daß ein Mensch, der so leer ist, eine unglaubliche Sehnsucht danach hat, wieder lebendig zu werden. Diese große Sehnsucht schafft einen enormen Lebenshunger. Anfangs bleibt die aggressive Gier im Unbewußten verschüttet und wird häufig durch ihr Gegenteil: Kühle und Distanz abgewehrt. Wenn Menschen nach und nach sich selbst entdekken, ist häufig die erste Reaktion eine sehr große Angst vor diesem Inneren, vor dieser überwältigenden Gier.

Susi empört sich in der Gruppe über Manfred. Auf einer Friedensdemo sei er immer weit weg von ihr vorausgegangen. Sie brauche aber einen Mann, der in der Lage sei, eine nahe Beziehung aufzunehmen. Manfred distanziere sich ständig. Deshalb könne sie mit ihm auch nicht schlafen. Ihr genüge oft ein Blick, um eine Beziehung wirklich zu fühlen. Aber selbst den finde sie bei ihm nicht mehr. Dann berichtet sie von einem Traum: Eine weiße Spinne sei durch den Gruppenraum gelaufen. Sie sei die einzige gewesen, die Angst vor der Spinne hatte, und habe Verständnis dafür gefunden, daß sie die Spinne töten mußte. Schließlich entdeckt sie, daß sie sich, ohne es zu merken, zum erstenmal weiß gekleidet hatte – wie die Spinne. Ihr fällt ein: Ihr Kopfhaar habe sie morgens im Spiegel wie den Körper einer Spinne erlebt. Spinnen machten ihr so angst, weil sie ihre Männer nach dem Beischlaf fressen. Zu ihrem Unbehagen taucht eine verschüttete Erinnerung wieder auf: Sie habe sich oft vor ihrem eigenen Schamhaar geekelt, weil es von oben wie eine Spinne aussah.

Was Susi berichtet, ist ihr Erleben und gleichzeitig Ausdruck des unbewußten Gruppenvorgangs. Innerhalb der Gruppe ist es sehr viel leichter, das zu verstehen, was einer vorbringt, weil die Assoziation der anderen und die gesamte Atmosphäre der Gruppe sich wechselseitig erläutern. So wird Susi schnell klar, daß sie das, was sie an Manfred empörte, im

Grunde sich selbst wünschte: Sie war sozusagen unbewußte Komplizin der Distanzierung von Manfred. Denn wenn er weg war, konnte sie ihn nicht fressen – oder in einer Umkehr und gleichzeitigen Bestrafungsphantasie: von ihm gefressen werden. Manfred brachte vor, wie sehr ihm manchmal vor der Gier Susis graute – so, wenn sie ihn mit Vorwürfen und Gezeter sozusagen bis auf die Knochen abzunagen versuchte und öfter, wenn er in der Wohnung sich still auf die Flucht begab, ihn durch alle Zimmer verfolgte. Andererseits war er selbst in dieser Ehe in die Rolle des Gierigen geraten: Denn er wollte ja immer wieder mit ihr schlafen – vielleicht nur solange er dadurch geschützt war, daß sie sich ihm verweigerte. Denn in anderen Beziehungen konnte er zeitweise dem Aufgefressenwerden durch Susi entgehen. Es ist klar, daß auch bei ihm die Angst, verschlungen zu werden, dadurch sich verschärfte, daß er seine eigenen kannibalistischen Wünsche projizierte.

Mir ist im letzten Jahrzehnt der psychoanalytischen Paarforschung immer deutlicher geworden, daß bei genügender Tiefe der seelischen Arbeit eine sehr vitale, aber auch entsetzliche Beziehungsform sichtbar wird. Der innere Mangel, die Lücke in uns, mobilisiert eine suchtartige neidgetriebene Freßgier, einen Drang zum Verschlingen, zum Inkorporieren. Es ist der lang unterdrückte Wunsch, endlich in uns aufzunehmen, was uns lebensgeschichtlich fehlt, was wir so entbehren. Die kannibalistische Liebe, die latente, ja lauernde Hauptdimension heutiger Beziehungen, ist Ausdruck des aggressiven Lebenshungers. Viel Ersatz, viel Unnützes wird natürlich verschlungen. Wir erleben tagtäglich, daß noch dieser Mangel, dieser Lebenshunger, glänzend ausgenutzt werden kann von einer Industrie, die darauf angewiesen ist – ja überhaupt dadurch selbst produziert wird –, daß die Produkte auch konsumiert werden. Letztlich steht die zur destruktiven Aggressivität gesteigerte Sehnsucht nach wirklicher Verbindung mit dem anderen dahinter. So gesehen, sind wir seelisch zu Werwölfen geworden.

Diese kannibalistische Beziehung ist die größte Hoffnung und die größte Gefahr für das Paar. Sie scheint mir heute das prekäre Fundament fast jeder Bindung zu sein. Ihre Hoffnung liegt in dem triebhaften Signal, das den Lebenshunger immerhin noch anmeldet. Die Gefahr liegt in ihrer Destruktivität, die nicht nur Angst auslöst: Sie sorgt vor allem für Distanzierung, Nebeneinander, Trennung, Scheidung, Flucht in die Arbeit, in die Krankheit, in die unfruchtbare Anklage, in immer neue Beziehungen.

Das Entdecken der kannibalistischen Dimension in der eigenen Beziehung ist durch zwei Momente erschwert.

Zum einen enthüllt sich unser kannibalistisches Innere nur selten direkt in fleischlichen, fressenden, blutigen Phantasien. Dieser psychische Kannibalismus hat zahlreiche, ganz unblutige Erscheinungsformen. Im alltäglichen Gespräch von Paaren ist eine Erscheinungsform dieses Kannibalismus die kaum zu erschütternde Angewohnheit, über den anderen mit dem Hinweis auf Tatsachen und die sogenannte objektive Wahrheit schlankweg zu verfügen. Sitzt ein Paar zum erstenmal in meiner Praxis, so lautet ein – jeweils dem anderen vorgeworfenes – Stereotyp im Zuge ihrer Selbstdarstellung sehr häufig: «Nein, das ist ganz falsch, so war es nicht. Es war vielmehr so.» Diese Neigung zur Kolonialisierung haben natürlich beide Seiten. Ein Paar, das sich uneinig ist, hat aber keine gemeinsame Wahrheit. Selbst wenn es diese Wahrheit herausbekäme, wäre sie belanglos. Mit der Fixierung auf diese objektive Wahrheit der sogenannten Tatsachen verdrängt das Paar das Wesentliche: daß nämlich jeder sein eigenes Erleben hat, daß jeder die Wirklichkeit des anderen ebenso anzunehmen hat wie die eigene, wenn er wenigstens im seelischen Bereich die Gleichberechtigung anerkennen will. Die wesentliche und fruchtbare seelische Aufgabe ist es, in einer Beziehung mit dem Konflikt des unterschiedlichen Erlebens zu Rande zu kommen. Die bekannten endlosen und fruchtlosen Diskussionen eines Paares über ihre «Beziehungskiste» sind dafür ein Beispiel. Der kannibalistische Akt wird hier gleichzeitig durchgeführt und abgewehrt. In den Worten eines Gruppenteilnehmers: «Unser dauerndes Gerede übereinander kommt mir vor wie das maßlose Fressen von Wanderheuschrecken.» Jeder von uns kann in seinen Beziehungen und Gesprächen miteinander bei sich selbst und beim Partner diese meist unbemerkte Strategie entdecken, ununterbrochen die Wirklichkeit auch für den anderen zu behaupten und nur selten einzuräumen, daß es um die je persönliche Auffassung geht. «Du bist doch immer stur, naiv, chaotisch ... das kennt man doch schon», heißt es dann statt: «Ich erlebe dich jetzt als stur, naiv usw.» Damit unterwerfen wir den anderen schnell als Provinz unseres eigenen Wirklichkeitsbildes. Diese Kolonialisierung ist Machtausübung. Im Bett ist das noch schlimmer, weil Paare sich heute nur selten phantasievoll und ausführlich über ihr erotisches Erleben auszutauschen vermögen.

Die zweite Vertuschung unseres inneren Kannibalismus liegt in seiner direkten Abwehr, meist durch Gegensatzbildung. Diese heiße, gierige Beziehung macht uns angst und wird in der Regel ganz kaltgestellt – oft in autistischer Weise durch Technisierung (ich erinnere an den Begriff «Zubehör», den Maria Torok für die Tochter der geschädigten Mutter wählte). Die sachliche Distanz als Abwehrform tieferer Gefühle prägt heute im wesentlichen die Männer. Sehr häufig entsteht dadurch eine Polarisierung im Paar. Die Frau schildert mit großer innerer Beteiligung, mit Depressionen und Ängsten, oft schnell unter Tränen, ihre Sicht der Beziehung. Dabei beklagt sie sich, nie eine Gefühlsäußerung von ihrem Mann zu hören, während der Mann, scheinbar überlegen, nur ruhig bemerkt, er sehe keine Probleme: das Haus, die Finanzen und die Kinder seien in Ordnung, sie hätten es doch im Grunde gut, er sei nur mitgekommen seiner Frau zuliebe. Es ist nicht einfach, in einer solchen Lage im Sinn zu behalten, daß selbst bei großer Wut und wechselseitigen Vorwürfen weder der Mann noch die Frau bösen Willens ist. Mit Personalisierung versuchen wir nur, durch einseitige Schuldzuschreibung die Lage zu vereinfachen. Durch emotionale Distanz ist ebenso die Frau vor den in den Gefühlen enthaltenen Ängsten geschützt, wie der Mann in der Frau auch seine eigene Leidenssituation wiederfindet. Die stärkere Tendenz von uns Männern zur Funktionalisierung und Technisierung entspringt einer stärkeren unbewußten Angst vor der verschlingenden Mutter. Mit ihr können wir uns schwerer als Frauen identifizieren, um auf diesem Weg dem bedrohlichen Gefühl des Ausgeliefertseins zu entgehen. Diese funktionalistische Tendenz bei Männern entspringt auch der anderen gesellschaftlichen Nutzung des Mannes, der in seinem Arbeitsleben seine entfremdeten und abstrakten Leistungen zu erbringen hat, eben funktionieren soll und nichts anderes: bei ihm muß alles immer «klappen».

Es gibt noch andere Abwehrformen der kannibalistischen Beziehung: etwa die der überfürsorglichen Mutter, die das Kind bekanntlich ununterbrochen vor den eigenen destruktiven Impulsen schützen muß, eine unbewußte Haltung, die eine große Rolle in allen helfenden Berufen spielt. Bei Mann und Frau ist die subjektive Urform der kannibalistischen Beziehung die heute so entleerte und geschädigte Mutter-Kind-Beziehung. Wir sind einen wesentlichen Schritt weiter, wenn wir Elias Canetti folgen, der in seinem philosophischen Hauptwerk «Masse und Macht» den kannibalistischen Akt, die kannibalistische Beziehung als jene allgemeine Urform ansieht, die *jeder* Machtausübung – der persönlichen, der wirtschaftlichen, der politischen – zugrunde liegt.

14. Durch Liebemachen wehren wir die Liebe ab: die kapitalistische Liebe.

Anne berichtet in der Paargruppe, sie habe geträumt, daß Birgit (die auch zur Gruppe gehört) ihr von ihrem Liebesleben mit Alfred (der ebenfalls in der Gruppe sitzt) folgendes berichtet habe: sie liege mit Alfred oft stundenlang im Bett, sei zärtlich und schmuse, aber es käme zu überhaupt nichts. Ihre Haut werde rot, fleckig, juckend, eine einzige Krätze, und ihre Klitoris beginne zu eitern. (Anne bemerkte dazu, daß diese Vorstellung im Traum keineswegs eklig, sondern ganz normal gewesen sei.) Wenn es doch zum «richtigen Liebemachen» käme, dann sei alles sofort vorbei: «Der Alfred spritzt einfach die Gefühle weg.» Anne sagte, diese Formulierung «er spritzt die Gefühle weg» sei ihr besonders merkwürdig vorgekommen.

Es ist nicht unwichtig, daß Anne von Birgit träumte, die in der Gruppe eine erotisch erfüllte Leidenschaft noch am deutlichsten zum Ausdruck bringen konnte. Der Traum erlaubt viele Interpretationen. Mir scheint wesentlich: Im Traum stellt sich die Liebe in doppelter Weise unerfüllt dar: im eher weiblichen und im eher männlichen Erleben der Erotik. Die Liebe bleibt ein ewiger Wartezustand auf die erotische Erfüllung. Die Erwartung ist sehr hoch, die Sehnsucht nach Vereinigung deutlich. Sie äußert sich als Krankheit der Haut, als drängende Erregung, die nicht ins Leben kommt. Der Hungerzustand als Folge einer hohen Liebeserwartung, die sich nicht realisiert, scheint mir typisch für die heutige Liebe. Das Leiden daran wird eher von der Frau ausgedrückt.

Das gilt aber nicht nur für die Frau, sondern natürlich auch für den Mann. Ich könnte auch sagen: In dieser Traumhälfte ist die weibliche Dimension der Liebe dargestellt (die ebenso in der Frau wie im Mann gegeben ist).

Der zweite Teil des Traumes gibt die männliche Dimension wieder. Er enthüllt mit einem Wort (Abspritzen, Wegschleudern der Gefühle), wie das Liebemachen selbst die

Abwehr der Liebe ist. Der unendliche Hunger, der sich in der Erkrankung der Frau an Haut und Geschlecht zeigt, wird eben nicht gestillt. Das sexuelle Erleben kann sich nicht entfalten. Die Gefühle haben keine Zeit zur Entwicklung, im Gegenteil: sie werden «ejakuliert», das heißt: hinausgeworfen, weggeschmissen.

Dieser Traum gibt eine allgemeine Situation wieder. Er ist meines Erachtens nicht nur ein Durchgangssymptom dieser besonderen Paargruppe. Weder Mann noch Frau kommen wirklich zu sich. Wie wir uns auch drehen und wenden: beide Seiten der Liebe, die weibliche und die männliche, sind zum Gegenteil einer erfüllenden Erotik geworden. Die Sehnsucht, Liebe zu empfangen, bleibt unerfüllt und steigert sich zur Krankheit. Und wenn wir dann «Liebe machen», beseitigen wir das Erleben. Im Traum ist auch indirekt ein wesentlicher Unterschied zwischen weiblicher und männlicher Erotik wiedergegeben. Daß sich in der geträumten Birgit das lange Warten in der Liebe verkörpert, verstehe ich als das Negativ der unbeschränkten orgastischen Potenz der Frau, während sich in dem geträumten Alfred die meist schlagartig begrenzte männliche Sexualpotenz in dem Bild vom Wegspritzen ausdrückt. Es wäre wieder eine Verleugnung des ganzen Elends, wenn ich sagte, daß hier die männliche Form von Sexualität die weibliche unterdrückt. Denn beide Partner stellen beide Rollen her. Weder Mann noch Frau kommen in ihren wechselseitig verschriebenen Rollen als wirkliche Personen zu sich.

Erst als ich selbst eine ganz andere Liebesform kennenlernte, die altchinesische Liebeskunst, die unter dem Namen «Tao der Liebe» bekannt geworden ist, wurde mir die Gestalt der heute normalen Liebe bewußt und befremdlich.

Ich fühlte mich in meinem bisherigen Liebesleben ziemlich glücklich. Deshalb war ich verblüfft, wie anders ich Erotik erleben konnte – und nicht nur ich, sondern auch meine Partnerin. Es war also erst die neue Liebesform, die mir die herkömmliche befremdlich machte. Ich brauche auf die taoistische Liebeslehre hier nicht ausführlich einzugehen, obwohl vielleicht bei manchen die Neugierde groß ist; die Bücher von Jolan Chang sind jedem leicht zugänglich. Der Kern der taoistischen Liebesphilosophie und Liebespraxis ist die völlig andere Bewertung der Ejakulation, die bei uns ja mit dem männlichen Orgasmus gleichgesetzt wird. Diese andere Bewertung ist natürlich Ausdruck eines völlig anderen Welterlebens, eines anderen Weltbildes. C. G. Jung bemerkte, daß es Kulturen, die dreitausend Jahre mehr Zeit hatten zur Entwicklung als das Abendland, erheblich besser gelinge, Gesellschaftsstruktur und Triebleben aufeinander abzustimmen.

Als zentrales Problem dieser Abstimmung erscheint aus heutiger Sicht: Wie die genannte Unterschiedlichkeit der weiblichen und männlichen Erotik, die weibliche Unbegrenztheit und die männliche Begrenztheit, in einem gemeinsamen, erfüllenden erotischen Leben aufgehoben werden kann.

So selbstverständlich, wie wir meinen, daß der Orgasmus der Frau und die Ejakulation mit dem Orgasmus des Mannes das Ziel des Beischlafs seien, so selbstverständlich war für die Chinesen, daß die Ejakulation des Mannes keinesfalls das Ziel der sexuellen Vereinigung sein könne, in der es um wechselseitige Erfüllung gehe. Denn Ejakulation bedeute fast immer die vorzeitige Unterbrechung des Liebesakts. Zu der über Jahrtausende ausgebildeten Liebeskultur der Chinesen gehört also eine besondere Ejakulationssteuerung gemäß dem Alter des Mannes, was allerdings nur uns auffällig erscheint. Konkret bedeutet das zum Beispiel, daß ein Mann mittleren Alters nur bei jedem dritten Beischlaf zur Ejakulation kommen soll und daß diese Ejakulation weniger den Höhepunkt des Liebens darstellt als vielmehr ihren natürlichen Ausklang. Die wesentliche Wirkung liegt aber nicht in diesen technisch anmutenden Hinweisen (was sie nicht sind), sondern im ganz anderen Erleben der Liebe. Es geht um Dauer, um viel längere Zeiträume fürs Lieben, die auch nicht so streng vom anderen Leben abgegrenzt sind. Statt um unseren Minuten-Sex geht es dem taoistischen Liebespaar um die ganze Nacht, in die der Schlaf mit eingewoben ist. Ohnehin bezieht sich das Tao der Liebe nicht nur auf Sex, sondern auf das ganze Leben. Das Tao der Liebe war der Schwerpunkt der damaligen Medizin. Obwohl ich in Ansätzen begriff, daß meine Liebe und Sexualität so ziemlich mit allem anderen in meinem Leben zusammenhingen, wurde mir doch erst jetzt ein Merkmal meiner herkömmlichen Liebe deutlich: ihre Abgrenzung von meinem sonstigen Leben.

Das zweite Moment ist schon mehrfach angeklungen: die Zeitknappheit. Im Kinsey-Report (von 1947) wird die schnell erreichte Ejakulation noch als biologische Stärke gewürdigt. Kinsey sprach von drei Minuten. Seine Untersuchungen ergaben, daß drei Viertel der amerikanischen Männer nach weniger als zwei Minuten Stimulation ejakulierten. Daneben wirken wir vier Jahrzehnte später schon etwas aufgeklärter. Doch im Vergleich mit höherentwickelten Liebeskulturen ist die Zeit, die wir der Liebe einräumen, geradezu jämmerlich. Das entspricht nicht nur unserer Fixierung auf den Ejakulationsorgasmus. Vielmehr ist das Tempo ein zentrales Gesellschaftsmerkmal, und zwar nicht nur einer leistungsstarken Produktionsgesellschaft, in der Zeit eben Geld und Schnelligkeit mehr Geld bringt, sondern innerhalb der gesamten Evolution der Gesellschaftsformen. Wie Paul Virilio in seiner Theorie der «Dromokratie» (= Herrschaft der Geschwindigkeit) nachgewiesen hat, ist die schnellere Gesellschaft immer den anderen langsameren überlegen gewesen. Also:

daß auch unser sexuelles Erleben zu kurz kommt, ist ein Gesellschaftssymptom. Der Quicky, die Kurzschnelliebe, ist eine typische heutige Erfindung. Und auf die Frage: «Was hältst du von der Liebe auf den ersten Blick?» antwortet eben ein Witzbold heute: «Man spart viel Zeit.»

Schließlich stellte ich auch mit Erstaunen fest, wie sehr mich früher mein Ejakulationsorgasmus unbewußt gesteuert hatte – wie als wenn ich gegen meine bewußte erotische Überzeugung schließlich doch ein Ziel erreichen wollte. Aber das geht nicht nur mir so. Die heutige Liebe ist bei Mann und Frau auf ein Ziel ausgerichtet: den sogenannten Höhepunkt. Die Produktion des Orgasmus im Liebesakt gilt als erklärte Leistung. Daß in Sexualtherapien davon abgeraten werden muß, belegt diese bewußte oder unbewußte Einstellung. Unsere westliche Endproduktorientierung ist im Grunde unsinnig: als ob der Schlußakkord einer Sinfonie das Ziel der Musik wäre oder als ob sich beim Tanzen im letzten Schritt alle Lust sammeln sollte. Frauen können das auf Grund ihrer vieldimensionalen Erotik viel schneller begreifen als Männer. Auch hier ist das Ziel der Weg und nicht das Ende des Weges.

Durch diese Endzielorientierung wird – uns häufig gar nicht bewußt – die Liebe selbst von Lust entleert. Die ganze gemeinsame Ekstase im sexuellen Erleben wird auf einen Punkt zusammengedrängt. Diese Methode gleicht der Dynamik der Phobie. Denn auch hier wird ein umfassendes Gefühl, die Angst als Kehrbild der Lust, auf einen Punkt versammelt. Ich war so sehr an diese Form gewöhnt, daß ich mich zunächst fragte, was mir der Verzicht auf den Ejakulationsorgasmus bringe. Ich kann es nur unbeholfen ausdrücken: Es ist die gleichmäßige Verteilung einer hohen Wonne der Verschmelzung mit der Frau, die ich vorher nur sehr selten erlebte. Ich habe für mich persönlich das Gefühl gewonnen, daß diese Liebesform meinem inneren Leben viel näher ist, meiner Natur mehr entspricht, und sei diese auch noch so gesellschaftsbedingt. Im Grunde ist das Tao der Liebe an der weiblichen Erotik orientiert, die keinen «Schuß und Schluß» wie die Ejakulation kennt. Aber es ist die Frage, ob die heutige männlich geprägte Erotik einer wirklich erfüllten, ursprünglichen männlichen Erotik entspricht oder nicht vielmehr eine Kümmerform darstellt.

Damit sind zwei weitere Merkmale der üblichen Liebe deutlich geworden: die strenge Zielorientierung der heutigen Liebe auf den Ejakulationsorgasmus und am Ende gleichsam nachwirkend auf den Orgasmus der Frau und die Entleerung des Liebemachens von den großen Gefühlen der Lust und der Verschmelzung, die Verarmung des erotischen Erlebens bis hin zur Technisierung.

So ist das, was wir Liebe nennen, die Abwehr der Liebe. Sie ist verglichen mit den Liebesformen des Tao und des Tantra gleichsam eine Variation des vorzeitigen Samenergusses. Ich sage das auch im klaren Bewußtsein vom seelischen Hintergrund der *Ejaculatio praecox*. Es ist die Angst vor der Frau, genauer: vor dem, was wir heute als weibliche Erotik erleben, und noch genauer: die Angst vor der Tiefe der menschlichen Liebe. Die Reste der tiefen menschlichen Liebe bewahren heute noch am ehesten Frauen – und wohl auch Kinder.

Die Merkmale unserer heutigen Liebe bilden nun ein Syndrom, das bis in Einzelheiten hinein als *kapitalistische Liebesform** bezeichnet werden kann. Abgegrenzt vom

* Ich will damit nicht sagen, daß in den sozialistischen Gesellschaften diese liebesbehindernden Verhältnisse oder die Liebe wesentlich anders sind. Mir leuchtet die Analyse von Günther Anders ein, der in der weitgehenden Technisierung des Lebens das entscheidende gemeinsame Moment in Ost und West sah. Daß aber die Form der Arbeit auch die Liebe mitbestimmt, scheint mir gegeben.

gesamten Leben, schon dadurch entfremdet und spezialisiert, unter allgemeinem Zeitdruck wie jede gesellschaftliche Leistung, produzieren wir das Endprodukt Orgasmus und können uns selbst im Liebemachen kaum noch finden. Wenn die Arbeit – wie Sigusch sagt – die erste Kategorie der Sexualität ist, wenn also das Kapitalverhältnis, das «die Arbeit von allen Arbeitsmitteln und Arbeitsgegenständen von ihrer ganzen Objektivität» und schließlich konsequent insofern auch vom Menschen trennt (Sigusch, S. 97), wenn also die seit noch nicht allzu langer Zeit kapitalistische Gesellschaftsformation bis in unsere erotischen Tiefen durchgedrungen ist, dann sind wir, ohne es zu merken, nicht nur auf dem Wege zu einer entseelten, entmenschlichten Sexualität, wir befänden uns schon mitten in der «desexualisierten Sexualität» (Sigusch 1984). «Das sexuelle Tun erstarrt zur Sache und wird als solche mystifiziert» (S. 96). «Es scheint, als seien die Menschen sexuell aktiv, doch vermeiden sie alles, was daran erinnerte: Spontaneität und Regellosigkeit, Hingabe und Ekstase, Risiko und Subjektivität. Das Resultat, für die heutige Sexualkultur insgesamt charakteristisch, ist lustvolle Lustfeindschaft, Stehenbleiben beim Sich-fallen-Lassen» (S. 97).

15. Die kannibalistische und die kapitalistische Liebe sind sich wechselseitig Ausdruck wie Abwehr.

Wie hängt nun die vorhin beschriebene kannibalistische Liebe mit der kapitalistischen zusammen? Sie sind in meinen Augen wechselseitig sowohl Ausdruck wie Abwehr. Die kapitalistische Liebe erzeugt in ihrer Verkürzung und Vermeidung der Liebe indirekt einen enormen Hunger nach Leben, eine Enttäuschung, die sich zur aggressiven Gier, zur kannibalistischen Beziehung steigert. Gleichzeitig gibt sie uns aber die Möglichkeit, gerade die von ihr selbst erzeugten kannibalistischen Regungen durch eine vergleichsweise kümmerliche Kurzschnellform gar nicht erst aufkommen zu lassen. Die kannibalistische Liebe wehrt die kapitalistische ab, indem sie in ihren fleischlichen Ausbruch vom Zustand des Unerfülltseins ablenkt und die Gefahr mit sich bringt, die Lage gesellschaftsblind in die Tiefe zu psychologisieren. Sie ist Ausdruck der kapitalistischen Liebe, soweit sie die vielleicht entscheidende Beziehungsform des Kapitalismus widerspiegelt: nicht die vergleichsweise oberflächliche, daß hier Menschen, die Kapital haben, andere, die arbeiten, ausbeuten und auffressen, sondern eher wohl die, daß das Kapital den Menschen letztlich schluckt, ja ad absurdum führt. Denn es geht erstens nicht um ihn, sondern um seine Funktion, seine Leistung, die heute ja weitgehend schon Computer und Roboter übernehmen können. Und zweitens um ein Produkt, zu dem der Mensch ebenfalls eine leere Beziehung hat. Die kannibalistische Beziehung ist also die lebendige Ausdrucksform des Kapitalismus.

In dem Roman von Fritz Selbmann aus der DDR wird die nachfolgende Generation der ersten Kapitalisten als «Die Söhne der Wölfe» bezeichnet.* Der Wolf ist ein archetypisches Bild für unseren Kannibalismus. Der französische Sozialist Jacques Attali hat in seinem Buch «Die kannibalische Ordnung» ein umfassendes gesellschaftliches Modell entworfen, das den Kannibalismus ebenso zum Ursprung hat, wie es ihn in seiner Ursprungsform abwehrt. Der enge Zusammenhang zwischen Kannibalismus und Sexualität ist seit frühester Zeit deutlich. «Für einen Topi steht das gleiche Wort für ‹Essen› und ‹Zusammenschlafen›.» Es ist ihm verboten, einen Verwandten zu essen, und wer dieses Tabu bricht, wird krank. Bei den

* Diesen Hinweis verdanke ich Hans-Ulrich Deppe, Frankfurt.

Guajaki wird ein Vater, der Inzest begangen hat, von einer Frau des Stammes dafür verspeist, weil er «seine Tochter gegessen hat» (Attali, S. 36). «Der Kannibalismus erklärt, daß Sexualität und Nahrung überall der Gegenstand entsprechender Verbote sind ... Die Toten der Guajaki können nicht von allen Lebenden verzehrt werden: Väter und Mütter essen nicht ihre Söhne, ihre Töchter, Brüder und Schwestern essen sich nicht untereinander» (S. 36). «Die Symmetrie der Verbote scheint verständlich: ‹Man ißt nicht, was man töten kann, um nicht töten zu müssen, was man ißt› ... Das Verbot, bestimmte Tote zu essen, soll also in Wirklichkeit ganz einfach verhindern, daß bestimmte Lebende mit dem Ziel getötet werden, sie zu essen.» In weit fortgeschrittenen Gesellschaften, im Kapitalismus also, ist die Ebene des direkten Fressens, der direkten Tötung, verlassen, um die Ausbeutung mittels einer nicht tötenden Tötung zu vollziehen.

Ich bin kein Soziologe und fühle mich dementsprechend nicht kompetent, die Zusammenhänge verläßlich wiederzugeben. Das wäre eine interdisziplinäre Arbeit. Es mag sein, daß andere, die der marxistischen Theorie kritisch gegenüberstehen, andere Schwerpunkte setzen. Aber selbst wenn ich versuche, Norbert Elias zu folgen, der beschreibt, wie hochgradige Arbeitsteilung, wechselseitige Entfremdung und vertiefte Abhängigkeit den Zwang zum Selbstzwang begründen, also in uns das Selbst-Überwachungssystem «Über-Ich» hervorrufen (wie auch immer seine individualgeschichtliche Ausprägung im einzelnen ausfallen wird), dann komme ich auch nicht zu viel anderen Schlüssen: daß nämlich die von uns geforderte Unterdrückung des erotischen Lebens, die Triebunterdrükkung, ein Tribut ist an eine gesellschaftliche Entwicklung, die längst nicht mehr menschlichen Gesetzen folgt und jenen maßlosen Lebenshunger verursacht, der die regressive kannibalistische Beziehungsform auflädt. Daß diese kannibalistische Anheizung auch glänzend einer Produktionsgesellschaft zugute kommt, deren einziges Ziel es sein muß, daß die Produkte auch konsumiert werden, stabilisiert die Situation nur noch. Denn die meist kannibalistischen Bedürfnisse richten sich natürlich auf Produkte und nicht auf den Nächsten. Günther Anders ist ja schon darüber hinaus gegangen: «Unsere heutige Endlichkeit besteht nicht mehr in der Tatsache, daß wir bedürftige Lebewesen sind; sondern umgekehrt darin, daß wir (zum Bedauern der untröstlichen Industrie) viel zuwenig bedürfen können – kurz: in unserem Mangel am Mangel.»

Eine Konsumgesellschaft wie die kapitalistische ist auf die ungeheure Gefräßigkeit ihrer Mitglieder, sozusagen auf ihren mehr oder weniger verschobenen Kannibalismus angewiesen. Alles läuft darauf hinaus, verbraucht, gefressen zu werden. Der Dreisatz der Kapitalvermehrung lautet:

1. Produziere, was verbraucht und gefressen wird:
   Endprodukt Konsumgüter.
2. Produziere den Konsumverbrauch, die Freßgier:
   die meist überflüssigen Bedürfnisse.
3. Produziere die Freßgierproduktion: die Werbung.

In dieser kannibalistischen Verflechtung wird der Mensch selbst gefressen. Zuerst ausgebeutet und dann einst in der arbeiterlosen Wirtschaft entbehrlich. Er, nur noch Verbraucher, wird selbst verbraucht.

Aus wirtschaftlicher Sicht sind die allseits verbreiteten narzißtischen Schäden also sehr willkommen. Denn unsere innere Lücke, die Leere zwingt uns, zu den tausendfach produzierten Ersatzstoffen an Stelle des Lebens zu greifen, und bringt uns überhaupt erst in die notwendige Rolle des verschlingenden Konsumenten. Aber auch das ist noch viel zuwenig. So mag jeder von uns selbst entscheiden, inwieweit er ähnlich verschlingend ins Bett geht wie in den Kaufhof.

16. Liebe macht angst.

Es ist die *kannibalistische Aufladung* der heutigen Liebe, welche die Liebe im Untergrund uns so gefährlich erscheinen läßt. Aber nicht nur: Das Aufgehen des individuellen Ichs in der Verschmelzung aller lebendigen Gegensätze, also die *erfüllende Liebe*, macht angst genug – besonders in einer Zeit, die auf ihren Individualismus ebenso stolz ist wie auf ihre vermeintlich handhabbare Technik. Doch kommt zu der durch gefährliche Gier aufgeladenen und zu der ursprünglichen Angst vor der Liebe noch eine dritte hinzu: das ist die schlichte Angst, sie gar *nicht mehr zu kennen*, die Angst vor dem Unbekannten, die sie ebenfalls gefährlich erscheinen läßt. Diese drei Angstzuflüsse stabilisieren die kapitalistische Liebe auch in uns selbst. Sie schützt uns vor der unfaßlichen Intensität, vor dem Abgrund des Liebeserlebens. So bleibt es zumindest für den persönlichen Bereich der Verantwortung für das eigene Leben nicht zuletzt eine Frage der Angstüberwindung, ob wir statt der kapitalistischen Liebe eine höherentwickelte Liebesform vorziehen wollen.

Christine erzählte: «Seit Johannes und ich versuchen, dem Tao der Liebe zu folgen, hat sich sehr viel verändert. Mir war in dieser Zeit schwer vorstellbar, daß ich schon mehrere Orgasmen bei einem Beischlaf erleben könnte. Es tat sich in mir nach dem ersten oder zweiten Orgasmus oft die Tür zu. Jetzt wurde es ganz anders. Ich segelte auf den Orgasmen dahin. Und dennoch merkte ich, wie ich Angst bekam. Ich legte es darauf an, daß Johannes zur Ejakulation kam, damit die immer tiefer gehende Reise zu Ende ging. Ich hielt es einfach nicht aus. Vielleicht noch nicht.»

Eine andere Angst erlebte Sylvia, die mit einem indischen Mann verheiratet ist: «Wir liebten von Anfang an so, wie es im ‹Tao der Liebe› beschrieben ist. Für meinen Mann war das selbstverständlich. Wir durchlebten meist ganze Liebesnächte. Nach einiger Zeit aber bekam ich geradezu eine panische Angst vor dem Morgen und dem Alltag. Ich konnte mich aus der Tiefe dieser erotischen Verschmelzung kaum lösen. Es machte mir eine Art Trennungsschmerz – manchmal so stark, daß ich diese Form der Liebe am liebsten aufgegeben hätte.»

Von ihrem Mann berichtet sie: «Der ungewöhnliche Berufsstress und die so andere, technische Art der europäischen Menschen, miteinander umzugehen, haben ihn schließlich mürbe gemacht. Es kam dazu, daß er immer öfter die in Europa übliche Form des Beischlafs – kurz und schnell, bis zur Ejakulation – übernahm. Er war selbst unglücklich darüber, sagte aber, es sei die Übermüdung, die dauernde Arbeitsanspannung, die ihn diese kleine Form der Liebe vorziehen ließe. Ich bin ziemlich sicher, daß es keine Veränderung in unserer Beziehung war, die ihn dazu brachte, sondern die ganz andere Atmosphäre des Lebens hier in Europa. Aber auch ich zog da natürlich mit. Mir ging es ähnlich.»

Auch Anja und Tom durchlieben ganze Nächte, obwohl beide von dem chinesischen Tao der Liebe noch nie etwas gehört hatten. Sie begegnen einer weiteren Angst. Anja sagt: «Weil bei uns die Liebe so tief und glücklich ist.» Diese Glücksangst zeigt sich in zwei Träumen, die beide in einer durchliebten Nacht träumten. Erst beim Frühstück entdeckten sie die gleichartigen Szenen. Ihre Träume sind Beispiel für ein viel zuwenig beachtetes Geschehen: daß nämlich ein Paar stets aus dem gemeinsamen Unbewußten heraus träumt und die Träume beider oft um dasselbe, gemeinsame unbewußte Thema kreisen.

Tom träumt: «Ich sitze an der Küste. Es soll eine Springflut kommen. Ich rette mich mit Anja in eine kleine Felsenhöhle, wo ich sie kauernd in meine Arme nehme und wir beide umschlungen die Gewalt der Flut überstehen. Am meisten tröstet mich während des bedrohlich steigenden Meeres der Anblick einer violetten Tulpe, die wie eine aufgehende Sonne am Horizont steht.»

Vielleicht gehört zu diesem Traum dazu, daß Anja an diesem Tag in der Stadt herumfuhr, um für Tom einen Strauß der seltenen violetten Tulpen zu besorgen. Ihr Geschenk zeigt, daß – neben vielen anderen möglichen Bedeutungen – wohl auch Anja selbst mit der Halt und Geborgenheit bietenden Blume gemeint war.

Anja träumt: «Ich bin am Meer, stehe auf einer Terrasse mit weitem Blick zum Horizont. Wie auf einer Hazienda. Plötzlich sehe ich einen Tsunami kommen (der Tsunami ist eine einzige Riesenwoge, die meist nach einem Seebeben Hunderte von Kilometern über den Ozean geht). Alles versucht sich zu retten. Ich halte mich am Geländer der Terrasse fest. Die Welle braust über mich hinweg. Ich kann mich sicher halten. Danach ist alles verwüstet. Aber ich sehe, wie die Leute wieder an den Strand gehen. Sie sammeln Muscheln, die sie essen können.»

Das Paar träumte von der Gewalt der Liebe, die es selbst in der Nacht ausgelöst hatte. Der große Ansturm offener, erotischer Gefühle ist von unserem schmächtigen Ich kaum auszuhalten. Liebestsunamis sind selten geworden in unserer kümmerlichen erotischen Kultur. Tom und Anja haben aber ihre vorübergehende Überflutung gut überstanden. Sie können ihre Angst ertragen.

Die Beispiele zeigen Angstformen einer umfassenderen und tieferen Liebe, als wir sie gewohnt sind. Viele werden eine ruhige und geduldige Entwicklung brauchen, bis sie ihre Ängste überwunden haben. Lawrence Durrell schreibt über diese große Liebe, in der wir sozusagen das Gesicht der Ewigkeit sehen können:

«Aus eigener Erfahrung konnte ich bestätigen, daß – wie auch Chang meint – ein großer Unterschied besteht zwischen einer Ejakulation und einem Orgasmus. In einem Liebesakt nach taoistischen Regeln konnte es durchaus zu einem Orgasmus ohne Verlust der taoistischen Lebensessenz kommen. Das war eine Frage nicht nur des bewußten Verhaltens, sondern auch der Art der Beziehung, des Verbundenheitsgefühls – der ganze so kostbare Austausch wurde auf eine neue, höhere Ebene der Intensität transportiert, die – wenn es sein mußte – ohne Unterbrechung stundenlang andauern konnte, da die beiden Seelen dabei ineinander verwoben blieben. In zwei Fällen hatte ich selbst diese Erfahrung gemacht – was eine so intensive, derart tiefe Verbundenheit voraussetzt, daß ihr Gegenteil, der Rückschlag, die Enttäuschung im Fall, daß das

Gefühl unbeantwortet bleibt, sogar den Verstand in ernste Gefahr bringen kann.

Das war, so schien mir, die Folge des richtigen Maßes an Pietät gegenüber der Liebe – einer Pietät, die nichts mit konventioneller Religiosität zu tun hat. Ich hatte dies mit einer Person erlebt, wie ein Banner trug sie zeitlebens ihren tantrischen Blick – bis in den Tod. Eine ganze Nacht lang blickten mich ihre blauen Augen noch weiter mit ihrer verschmitzten Heiterkeit an – der saphirblaue Blick mit seinem Lächeln der Erwähltheit. In diesem Augenblick wurde mir klar, daß es im Bereich dieses feinfühligen Austausches keinen Platz gab für Selbstbefriedigung, Selbstsucht und Egozentrik. Ich stand Auge in Auge der Blauen Blume des vollkommenen Wissens gegenüber. Erst als der Morgen dämmerte, wurde der Blick zunächst meergrün und dann leicht milchig; er verlor allmählich seinen Blütenstaub und umwölkte sich. Aus diesen Stunden festgehefteter Aufmerksamkeit erwachte ich mit einem Gefühl, tief eingeweiht zu sein durch jenen heiteren tantrischen Blick aus der Welt jenseits des Todes. Geliebt worden zu sein – mit einemmal verstand ich, welch gewaltiges Kompliment das ist! Und doch hatten wir oft und oft – was uns köstlich amüsierte – nicht einmal bemerkt, ob wir tatsächlich Liebe gemacht hatten oder nicht – so heftig war die Ein-Sicht gewesen, so intensiv der Austausch von Präsenz und Berührung.»

Ich bringe einen weiteren, kurzen Bericht, um noch etwas deutlicher zu illustrieren, welche andere Liebesform gemeint ist:

Mathis erlebt seit langem in seinem Liebesleben jene tiefe Vermengung von Gewalt mit Liebe und Vermischung von männlichen und weiblichen Empfindungen, wie sie für die entwickelten östlichen Liebesformen typisch sind. Sein Liebemachen geht über Stunden. Er erlebt – wie seine Partnerin – mehrfache Orgasmen (ohne Samenerguß).

Mathis versucht sein Erleben so zu beschreiben: «Glut. Unter dem Streicheln und Reiben meiner Hände erlebe ich ihre Schenkel wie Säulen. Sie schwellen und pulsieren, während mein Hintern sich unter ihren drängenden Händen spreizt. Ihre steilen Brustwarzen sehen mich an. Feuer. Ich gleite in die feuchte Tiefe hinein. Nach einem fast endlosen Auf und Ab überflutet mich tödliche Angst. Aber ich dringe vor, weiter und weiter. Dabei erscheint um unsere Körper ein strahlendes weißblaues Licht, das sich in den Raum ausbreitet. Und nun erlebe ich einen jähen Wirbeltanz allgegenwärtiger, in tausend Farben funkelnder Pfeile in ihrem Innersten. Schreie in einem jetzt gleißenden Licht, die schließlich in einem milden Dunkel verhallen. Alles wird wieder zu allem. Und dann taucht erneut die Glut auf ...»

Die Lichterscheinungen, die einen seelischen Zustand anzeigen, der beim üblichen Liebemachen nicht auftritt (vgl. ähnlich auch den saphirblauen Blick bei Lawrence Durrell), sind besondere, regelmäßige Momente im Liebesleben von Mathis.

17. Die Gesellschaft hat den Mann erotisch stärker eingeengt als die Frau: Wiederentdeckung der unbegrenzten Orgasmusfähigkeit des Mannes.

Mich hatte vor Jahren der Bericht des Gehirnforschers John C. Lilly verblüfft. Er betonte, daß die Gehirnzentren für Orgasmus, Ejakulation und Erektion getrennt vorlägen. Das macht es wahrscheinlich, daß diese Vorgänge unabhängig voneinander ablaufen können und es vielleicht ursprünglich auch taten. Die moderne Sexualwissenschaft hat das vor etwa einem Jahrzehnt erkannt. Es gibt inzwischen genug Beispiele für Ejakulation ohne Erektion, Ejakulation ohne Orgasmus, Orgasmus ohne Erektion und Orgasmus ohne Ejakulation. Ein von John C. Lilly durchgeführter Versuch mit Affen gab mir zu denken: Ein Affe, dem es mit einer winzigen Elektrode im Orgasmuszentrum per Tastendruck möglich ist, sich jederzeit die Gefühle des Höhepunktes hervorzurufen, tut dies alle drei Minuten – und tut nichts anderes mehr. Er gönnt sich nur noch einen achtstündigen Erholungsschlaf. An einem Tag erlebt er stündlich zwanzig, also insgesamt dreihundertzwanzig Orgasmen. Ich fragte mich, ob das auch unser Naturmaß wäre, wenn wir uns von der Last jeder gesellschaftlichen Tätigkeit befreien könnten. Verglichen mit unseren evolutionären Vorfahren werden wir von Biologen als hypersexuelle Lebewesen bezeichnet. Unsere sexuelle Bereitschaft ist also unter Umständen noch stärker als die der Affen, wenn auch mit großen seelischen Abwehrenergien unterdrückt, verschoben und sublimiert. Es wäre seltsam, ja fast unerklärlich, wenn die menschliche Evolution durch Koppelung des Orgasmus an die Ejakulation die sexuelle Lust des Mannes eingeengt hätte. Denn die Hypersexualität des Menschen dient in erster Linie nicht der Fortpflanzung, die im Tierreich auch durch einfachere Sexualität garantiert ist. Vielmehr schafft sie jene Bindungen, die den heranwachsenden Kindern eine menschentypische, lange Lernzeit in einem geborgenen Beziehungsraum bieten. Weil der Mensch also vor allem ein Erfahrungstier ist, hat sich evolutionär seine Erotik so stark ausgeprägt.

Vieles spricht dafür, daß auch der Mann ursprünglich multiorgasmisch war. Diese Tatsachen haben zwei Sexualtherapeuten, William Hartman und Marilyn Fithian, erst vor kurzer Zeit aufgegriffen. In einem konkreten Leitfaden, der an Klarheit nichts zu wünschen übrigläßt, beschreiben sie die Chance jeden Mannes, unbegrenzt orgasmusfähig zu werden. Ich möchte darauf eingehen, weil ich die aufgedeckten Zusammenhänge bedeutend finde. Hartman und Fithian zeigen nämlich, wie gesellschaftliche Einflüsse zu vergleichsweise geringfügigen körperlichen Veränderungen mit allerdings erheblichen (erotischen) Folgen führen können. Anders gesagt: Die Gesellschaft verändert unsere Natur, so daß wir – auf die Natur hinweisend – den gesellschaftlichen Einfluß übersehen können.

Eine fast winzig zu nennende körperliche Veränderung verhindert heute, daß ein Mann Orgasmen ohne Ejakulation erlebt. Es handelt sich um die Unterentwicklung des Musculus pubococcygeus, des willkürlichen Harnleiterschließmuskels, jenes Muskels im Beckenboden, den ein Mann innerlich am besten wahrnimmt, wenn er beim Wasserlassen den Harnstrahl stoppt. Folgerichtig schlagen William Hartman und Marilyn Fithian vor, diesen

Muskel durch ansteigendes Training zu stärken.* Was bewirkt er? Er ist in der Lage, den Samenerguß aufzuheben – und zwar durch eine kräftige Kontraktion kurz vor jenem Erregungszeitpunkt, der die Ejakulation unvermeidlich auslöst. Hartman und Fithian bemerken, daß die höchste Erregung beim Mann in den fünf Sekunden vor dem Samenerguß stattfindet. In dieser Zeit liegt auch die Auslösung der Ejakulation. Ist es erst einmal soweit, gibt es kein Zurück. Der Mann muß also lernen, den Muskel kurz vor dem Moment der unvermeidlichen Ejakulation anzuspannen. Das gelingt mit einiger Übung – entweder allein beim Onanieren oder zu zweit. Später findet diese Kontraktion fast von selbst statt – ähnlich wie man sich beim Musizieren keine Gedanken um die Bewegung der Finger oder beim Radfahren keine Sorgen um die Balance machen muß, wenn man es einmal gelernt hat. Ein Mann kann so den Orgasmus ohne einen Samenerguß erleben. Da deswegen auch die Erholungszeit (sog. Refraktärzeit) ausfällt, gerät er nicht in die übliche Müdigkeit. Er kann die nächsten Orgasmen erleben, wenn er mag, ohne das Liebesspiel abklingen zu lassen oder zu unterbrechen.

Mit beeindruckend nüchternen, manchmal knochentrockenen, wenn nicht gar gefühlsfernen Worten haben

* Für diejenigen, die es gleich wissen wollen: Das Training ist einfach. Der Muskel soll für drei Sekunden angespannt und dann für die gleiche Zeitdauer entspannt werden. Diese erste Übung soll zu Anfang fünfmal nacheinander durchgeführt werden. Es folgen direkt danach in der gleichen Anzahl kurze Kontraktionen und Entspannungen (zweite Übung). Diese (erste und zweite) Übung von zweimal fünf Kontraktionen soll mehrmals über den Tag verteilt stattfinden; zu Anfang fünfmal, dann öfter. Auch die Übungsserie selbst erweitert sich bis auf je fünfundzwanzig Muskelanspannungen. Das volle Training besteht aus täglich zweihundert Kontraktionen. Es läßt sich während eines Tages leicht unterbringen, da es ja fast überall unbemerkt stattfinden kann. Nach einigen Wochen ist der Musculus pubococcygeus ausreichend gestärkt.

die Autoren also die große, meist verleugnete Kluft zwischen männlicher und weiblicher Erotik überbrückt. Das wäre der westliche Beitrag zu einer harmonischeren Liebeskultur. Ich habe viel übrig für konkretes Tun. Es wird in der Regel zu oft unterlassen – gerade im erotischen Bereich. Unsere unbewußten Ängste wirken sich nicht nur darin aus, daß uns die Einsicht versperrt bleibt, sondern daß wir auch die gewonnenen Einsichten nicht in die Tat umsetzen. Was William Hartman und Marilyn Fithian – ähnlich wie Jolan Chang – zu wenig, wenn überhaupt beachten, sind die enormen Ängste, die eine freiere Erotik im Unbewußten des westlichen Menschen mobilisiert. Ich bin sicher, daß diese Ängste in der Regel das ganze Training verhindern. Wenn nicht, tun wir jedenfalls gut daran, auf stärkere Ängste gefaßt zu sein. Es sind im wesentlichen Ängste aus unbewußten Schuldgefühlen, erst bei tieferem Gelingen können Ängste wegen Überflutung aufkommen (siehe die oben erwähnten Liebestsunamis).

Dafür ein Beispiel aus einer Paarbehandlung: Paul gelang es eines Tages, beim Masturbieren Orgasmen ohne Ejakulation zu erreichen. Wochenlang hatte er den Musculus pubococcygeus trainiert. Er hatte die Preßtechnik gelernt und wußte durch die Unterweisung auch, daß eine Ejakulation unterbunden werden konnte, wenn er seine Hoden zum Samenerguß nicht aufsteigen ließ. Durch die Preßtechnik gelang es ihm, den «Punkt ohne Wiederkehr», das heißt den Moment der unvermeidlichen Ejakulation, eben gerade nicht zu erreichen. Er genoß also glücklich mehrere Orgasmen ohne Ejakulation während seiner Nachmittagsruhe. Zum erstenmal in seinem Leben war er durch bewußten Einsatz für seine persönliche Erotik ein multiorgasmischer Mann geworden. Er betrachtete danach sein Gesicht im Spiegel und fand es entspannt, in sich ruhend. «Ich habe mich nicht nur gefunden», meinte er, «ich habe mich sogar weiterentwickelt.» In der darauffolgenden Nacht aber hatte er einen seltsamen Angsttraum, der für ihn mit dem neuen erotischen Gewinn unmittelbar zusammenhing:

«Ich sehe auf meinen Schwanz. Die Eichel ist dick nach links verformt wie geflossenes Blei. Sie wird schon wieder ihre ebenmäßige Form wiedergewinnen, meine ich. Sie tut es auch. Dann bemerke ich aber, daß sie ganz schwarz geworden ist. Ein sehr intensives, tiefes Schwarz, schwärzer als schwarz sozusagen, wie der Tod. Auf ihr liegen wie grünhelle Flechten Placken einer Pilz- oder Bakterieninfektion. Ein todkranker Schwanz, scheint mir. Jetzt fällt mir ein: eine Art mythisches Bild für Abwehrschwäche bei AIDS. Aber, geht mir durch den Sinn, auch Neugeborene einer weißen Frau und eines schwarzen Mannes sind zunächst so hellhäutig wie Weiße und nur an ihren dunklen Hoden zu erkennen. Im Traum erlebte ich es wie meinen Tod, der vom Schwanz ausgeht.

Dann wechselt das Bild. Ich sehe ein Gesicht im Spiegel, schrecklich klar und glatt: ohne Nase. Dort wo sie sein soll, nur eine Fläche wie die Stirn oder die Wangen. Dazu ein Dröhnen im Kopf und in den Gliedern als Signal einer kaum erträglichen Panik. Da erwache ich.»

Das erotische Glück von Paul war gefolgt von Kastrationsangst (die Nase steht sehr häufig stellvertretend für den Penis). Sie ist vor allem Strafe oder Buße für seine Entwicklung. Aber es liegt auch ein Schimmer von Neubeginn darin, sichtbar im Einfall, der Neugeborene eines Schwarzen zu sein, den Paul als Inbegriff des sinnlichen Menschen oder des erotischen Unbewußten auffaßte. Dieses Erlebnis ist typisch. Wir können nur in Ausnahmefällen erotische Entwicklung ohne Angst erleben. Aber – das ist der entscheidende Trost – diese Ängste schwinden, sobald die neue erotische Fähigkeit zum festen Bestand des eigenen Seelenlebens gehört. Auch das Über-Ich ist sehr anpassungsfähig.

Das zeigt vierzehn Tage später ein weiterer Traum von Paul.

«Ich sehe an mir seitlich herab in eine bodenlose Tiefe. Es ist wie der Blick von steilen Felsen in ein schmales, tief unten von Nebeln verhangenes Tal, eine typisch chinesische Ansicht, finde ich. Von dort steigt ein Gesicht auf. Es ist mächtig, kräftig, gefährlich für den, gegen den es sich richtet. Es bedroht mich zwar nicht, macht auch keine angst, aber eine Art Schauder. Das Besondere ist eine starke, große, geradezu riesige Nase mitten in diesem Gesicht, das sonst dem glatten Gesicht meines Angsttraumes gleicht. Es heißt der ‹Rammler›.»

Träume entschlüsseln sich durch Einfälle. Paul hatte vor dem Einschlafen die Stärke seines trainierten Beckenmuskels besonders dramatisch gespürt. Er wirkte wie eine «geballte Faust», sagte er. Den Namen Rammler verband er nicht nur mit dem männlichen Kaninchen, sondern auch mit zahlreichen Science-fiction-Filmen, in denen siegreiches phallisches Rammen auftritt.

Erotische Unterweisungen sind heute erfreulich konkret. William H. Masters und Virginia E. Johnsons «Sexuelle Reaktion», W. Hartman und M. Fithians «Jeder Mann kann», Jolan Changs «Tao der Liebe» und «Tao für liebende Paare» und Ashley Thirlebys «Tantra der Liebe» sollten nach meiner persönlichen und ärztlichen Erfahrung zu den wesentlichen Büchern jedes Liebenden gehören. Sie sind es aber nicht. Daran zeigt sich die Auswirkung jener Scheu und Scham, die der unbewußten Angst entspringt. «Was ich nicht weiß, macht mich nicht heiß.» Es macht mir nicht die Panik, die Paul erlebte. Wer sich dennoch erotisch nicht aufgibt, das heißt: wer zu lesen, zu lernen und zu erfahren beginnt, muß vorübergehend mit Angstattacken rechnen. Mir erscheint als Psychoanalytiker die oft spröde und langweilig anmutende Technikersprache der modernen Sexualtherapie als symptomatisch für die Angstverleugnung bei den Autoren. Langeweile entsteht aus unbewußter Angst durch Verdrängung der Gefühle. Selbst die Berichterstatter großer Liebeskulturen (Tao und Tantra) verhindern durch die fast naive Unterschätzung der unbewußten erotischen Ängste des hochindustrialisierten und christlichen Westens die so wünschenswerte Verbreitung der entwickelten erotischen Lebensformen. Ahnungslos werden unbewußte Ängste mobilisiert. Ich bin sicher: auch durch die hier vorliegenden Texte.

Vieles spricht dafür, daß heute eine sexuelle Unterdrükkung in der frühen Kindheit – etwa das Verbot oder auch nur eine nicht notwendige Einschränkung des Spielens am eigenen Geschlecht – zwangsläufig den Orgasmus mit der

Ejakulation verlötet. Kinder erleben Orgasmen, die beim Jungen vor der Geschlechtsreife natürlicherweise ohne Ejakulation stattfinden. Dieses Erlebnis wird ausgelöscht, wenn das erotische Familienklima durch Schuld und Angst geprägt ist. Wenige Klienten von Hartman und Fithian konnten sich an das Erleben kindlicher Orgasmen erinnern, konnten sie wohl deswegen im erwachsenen Leben auch unabhängig von der Ejakulation beibehalten und waren – wie wir alle von sich auf andere schließend – im übrigen der festen Überzeugung, daß auch andere Männer multiorgasmisch seien wie sie. Hartman und Fithian vermuten, daß der multiorgasmische Mann in frühen Kulturen gleichsam der Normalfall gewesen sein könnte. Der Triebverzicht, den die moderne Leistungsgesellschaft den Menschen noch stärker abfordert als andere hochstehende Zivilisationen, äußert sich also bereits so unauffällig, daß wir den erotisch begrenzten Mann für naturgegeben ansehen. Tatsächlich ist seine Natur ja auch so. Sie ist aber unter dem langfristigen Einfluß der Gesellschaft – vermittelt über die Änderung der Liebespraxis – so *geworden*. Diese Natur des Mannes ist Gesellschaftsprodukt. Zugespitzt formuliert: Nichts an der Liebe ist unpolitisch.

Sind einmal die körperlichen Voraussetzungen gegeben, werden die vielfachen Orgasmen beim Mann genauso abhängig von der inneren seelischen Situation und der Paarbeziehung sein wie heute bei der Frau. Die dreiunddreißig multiorgasmischen Männer von Hartman und Fithian erlebten durchschnittlich vier Orgasmen, manche lediglich zwei, einer sechzehn. Die unbewußten Schuldgefühle, die durch erotische Freizügigkeit heute besonders gut getarnt sind, engen dann die erotische Erlebnisfähigkeit so lange ein, bis sie durchlebt und durchgearbeitet werden. Aber auch dann ist noch erhebliche Arbeit für die Liebe nötig.

Denn das oben berichtete Beispiel von Sylvias indischem Mann zeigt vor allem, daß der Stresspegel und wohl auch die Beziehungsverarmung im westlichen Alltagsleben – kurz die höhere Industrialisierung – ein tieferes Liebeserleben außerordentlich erschwert. Immerhin fand Kinsey in seinen Untersuchungen heraus, daß vierzehn Prozent der Frauen zu multiplen Orgasmen fähig waren. Anfang der achtziger Jahre deuten die Angaben auf über fünfzig Prozent. Das spricht auch für die Partner. Die größere Toleranz gegenüber sexuellen Verhaltensweisen und vielleicht auch die größere Offenheit, Ängste zu durchleben, mögen dabei eine Rolle spielen. Ob auch die Liebe tiefer empfunden wird, bleibt offen. Es ist meines Erachtens noch nicht einmal geklärt, ob die Abgründigkeit der Liebe nicht multiorgasmisch in bessere Kontrolle gerät. Das würde heißen: der sich steigernde «Zwang zum Selbstzwang» (Norbert Elias) würde sich also weiterhin erhöhen. Durch die erotische Entwicklung der Frau, die ihrem stärkeren Selbstbewußtsein entspricht und sicherlich als großer Erfolg der Frauenbewegung anzusehen ist, klärt sich vielleicht erst jetzt der Blick für die Einengung der einstmals als sexuell freier geltenden Männer. Diese höhere Einschränkung des Gefühlslebens zeigt sich meines Erachtens auch an der Tatsache, daß Männer nach wie vor durchschnittlich sieben Jahre früher sterben als die Frauen. Die Unterdrückung der Frauen und ihre geringere Anerkennung im gesellschaftlichen Leben bleiben damit selbstverständlich unbestritten. Nick Konnoff (aus dem Umkreis von Hartman und Fithian) fand allerdings heraus, daß multiorgasmische Männer «sinnlich empfänglich für alle Körperzonen ihrer Partnerinnen waren, woraus man schließen kann, daß sie weniger gehemmt waren». Hemmung ist aber nicht mit Kontrolliertheit zu verwechseln.

Eine Wirkung der neuen Entdeckungen ist sicher: ein

anerkannter amerikanischer Gynäkologe lehrt die Männer seiner Patientinnen die Fähigkeit zu multiplen Orgasmen, um das Geschlechtsleben der Frauen, die zu ihm in Behandlung kommen, befriedigender zu gestalten. So besinnt sich die Medizin auf ihre wesentliche, fast vergessene Aufgabe, auf die Liebeslehre, welche die alten chinesischen Ärzte in den Satz faßten: «Sei genügsam bei Tisch und unersättlich in der Liebe.» Liebe – die den Haß nicht zudeckt, sondern austrägt – ist nach wie vor die beste Medizin.

18. Das erotische Leben wird vollständig, wenn wir alle erlebten Beziehungen und damit auch die innere Gegengeschlechtlichkeit zulassen können.

Hans beginnt beim Beischlaf vor sich hin zu träumen. Er spürt seinen Körper und den von Cornelia in jeder Faser. Er sagt: «Ich gleite über die Haut und durch die Fugen, verspielt wie in einem Fluß strömend. Ich merke es zunächst nicht, schließlich aber wird es mir deutlich, daß in den Träumereien Bilder anderer Frauen auftauchen und wieder untergehen, als ob sie verbunden wären mit bestimmten Bewegungen unserer Körper, mit der sich öffnenden oder schließenden Möse von Cornelia oder meinem steifer oder schlaffer werdenden Schwanz. Ich erinnere mich noch, wie Nina aufkam, die in der Liebe auf eine besondere Art flatterte, wie ich plötzlich in Paris auf dem Platz vor dem Café mit Gudrun lag – aber es waren sicher noch viele andere Beziehungen. Das war alles so dahinfließend, so flüchtig und entzog sich schnell. Ich war auch etwas erschrokken, als ich mir vorstellte, das Cornelia zu erzählen. Vielleicht wäre sie gekränkt. Obwohl mein Befinden nicht losgelöst war von ihr.»

Hans hat sich hier, für manche vielleicht ungewohnt, viel bewußt machen können. Unbewußt geht es uns allen so. In einer erfüllten Liebe wird noch viel mehr wiederbelebt: alle inneren Beziehungen und alle Einstellungen, heterosexuelle, homosexuelle, orale, anale, genitale, liebevolle Vereinigungen und aggressive, vielleicht sogar destruktive Heftigkeit. Der Kosmos ist die Urszene. Das Gesamt aller erlebten Beziehungen macht diesen Kosmos aus. Maria

Torok schreibt: « Was entdeckt man auf dem Wege zum Orgasmus? Die Fähigkeit, sich eine Identität mit den Eltern vorzustellen, seine eigene Person in allen Positionen der Urszene zu sehen, und zwar auf sämtlichen Organisationsstufen der Urszene.»

Die Qualität, die Tiefe und der Umfang unseres Orgasmus werden bestimmt durch jene Identifikationen, durch jene verinnerlichten Beziehungen, die wir zulassen können und nicht aus Angst abspalten müssen. Ich sagte schon, daß insofern jeder Orgasmus ein Gruppenakt ist, nämlich das Erlebnis der Vielzahl unserer inneren Beziehungen. Daß diese Basis schmerzlich schmal, lückenhaft, defekt geworden ist, begründet vielleicht am stärksten den heute überall erwähnten «Trend zur Lustlosigkeit».

Wenn das erotische Erleben intensiver wird, zum Beispiel indem Bilder und Phantasien konkrete innere Vorstellungen werden, bekommen viele Angst. Die meisten dürften wohl inzwischen soviel Angst haben, daß die stets gegenwärtigen inneren Phantasien gar nicht erst bewußt werden.

Gernot berichtet in der Gruppe, daß Rotraut vor einiger Zeit ihre Phantasien beim Beischlaf erzählt habe: Ströme, Landschaften und Himmelsformationen. Er hat damals entsetzt reagiert. Ihm war es so, als ob er für Rotraut offensichtlich gar keine Rolle mehr spielte. Er fühlte sich sozusagen ausgelöscht. Jetzt werde ihm deutlich, daß es im Grunde seine Angst gewesen sei, vor dieser anderen Welt in ihm, die seine Normalverfassung irgendwie auflöse.

Ganz anders erzählt eines Tages Johannes: «Vor kurzem entdeckte ich, daß sich im seligen Dahintreiben nach dem Orgasmus eine Bilderfolge abspielte. Sie ist der genaue innere Nachhall, ein visuelles Echo des sexuellen Erlebens. Die Gefühle sind seltsam gleichschwebend. Nur Stimmungen fanden sich ein. Das Wesentliche sind die Bilder. Ich habe einmal mit Christine die Bilderfolgen ausgetauscht.»

Christine erzählte: «Ich sehe eine Holzwurzel. Sie hat eine Form ähnlich wie Flugzeuge. Mit der Schnauze nach oben. Plötzlich ist es ein Flugzeug. Die Flügel nach vorn oben geneigt (wie meine Beine, die ich nach oben spreizte). Es wird zu einem Vogel mit weiten Schwingen. Der ist plötzlich weg. Ich sehe dann einen Hundekopf zwischen Schäferhund und Wolf. Der läßt die Zunge aus dem Maul hängen, als ob er schon gerannt wäre (wie Johannes' Schwanz). Dann fängt der Hund auch an zu rennen und hechelt. Bisher ist alles in matten Graublau-Farben, nicht ganz schwarzweiß. Alle Bewegungen verlaufen von rechts nach links. Jetzt plötzlich eine Jagdszene, viele Pferde, alles sehr farbig, viele rote Kleider, also auch Frauen, viele Hunde. Reiterjagd, Hetzjagd (wie das stürmische Stoßen), wie wenn Hunde schon Blut riechen. Dann ein neues Bild: Ein Hengstkopf in Bewegung. Es ist das Pferd. Es rast über eine Steppe, es fliegt, es berührt nicht mehr den Boden (wie mein Orgasmus).»

Johannes berichtet: «Es ist Dunkelheit, Dämmerung. Von rechts nach links prescht ein römischer Kriegswagen, zweirädrig, gezogen, wie mir scheint, von einem Pferd. Ich sehe dann nach und nach das Gefährt schräg von vorn, und ich sehe ein zweites, drittes und schließlich ein viertes Pferd vor dem Wagen. Die waren vorher, von der Seite gesehen, hinter dem ersten Pferd verborgen. Das Bild wechselt. Hoch oben auf einem Berg bäumen sich sehr viele Pferde wie in einem Riesendenkmal hoch auf, Vorderbeine in die Höhe, wiehernd, schnaubend, auf Hinterbeinen stehend. Alle bilden einen mächtigen Halbbogen. Ich sehe eine Art riesiger Rosette von tief unten. Sie erhebt sich hoch über mir am dunklen Nachthimmel. Dann wechselt das Bild: Sie stürzen alle mit großen Trümmern wie von Gebäuden oder Tempeln bei einer Erdbebenkatastrophe umgeben von diesen Gesteinsbrocken in eine gewaltige Tiefe. Wieder Bildwechsel: Ich sehe den ganzen Schwall von Leibern und Trümmern auf den Boden abstürzen (auf dem ich selber links vorn mich befinde). In der Mitte der stürzenden Trümmer ein heller, sehr breiter, starker Lichtstrahl, der sich wasserfallähnlich auf die dunkle Erde ergießt, wobei die abstürzenden Teile nur noch eine Art garnierendes Beiwerk darstellen. Eine Art Umrahmung. Wieder wechselndes Bild: An der Stelle, auf die das Licht stürzte (meine Ejakulation), bildet sich die Silhouette einer Kutsche von hinten, in der ein Liebespaar herzlich und warmumschlungen sitzt – nur Köpfe und Schultern sind zu sehen. Die Kutsche fährt aufs Land in den Abend.»

Mir ist sehr nahegegangen, wie lebendig Johannes und Christine ihre Körper und ihre Bewegungen erlebt haben und wieviel aus diesen Bilderfolgen zu lesen ist. So zum Beispiel, daß alle Bewegungen von rechts nach links verlaufen. Mir fiel das besonders auf, weil ich vor kurzem gelesen habe, daß in der Zeit der großen Pest in Europa nicht nur die Totentänze, sondern auch der Paartanz entstanden ist, den wir ja heute noch wie selbstverständlich kennen. Angesichts des Todes ist also auch der Liebestanz erfunden worden. Und ursprünglich gehen die Bewegungen des Totentanzes immer von rechts nach links. Aber ich meine, es liegt in den Bildern auch viel Unmittelbareres, zum Beispiel wie Christine belebt wurde durch die steigende Erregung: Zuerst Holzwurzel, dann schon Fliegen, aber noch technisch das Flugzeug, dann ein Vogel mit weiten Schwingen. Und es berührte mich auch, wie tief unterschiedlich hier der weibliche Orgasmus und der männliche Orgasmus wiedergegeben sind – bei ein und demselben Akt: bei Christine ein Pferd, das fliegt und den Boden nicht mehr berührt; bei Johannes ein abstürzender Lichtschwall.

Ich bin überzeugt, daß wir alle solche Bilder in uns haben. Wir haben nur zu wenig Muße und zuviel Angst, um sie wahrzunehmen. Solche Erlebnisse sind selten, weil unser erotisches Erleben verarmt. Die Verkleinerung großer Gefühle ist langfristig zu beobachten. Doch fällt sie in unserer Gesellschaftsform schon extrem aus. Sigmund Freud bedauerte angesichts des großen hysterischen Anfalls (Arc de cercle) die Ausdrucksarmut des erotischen Lebens im Vergleich zu den Teufelsneurosen des 17. Jahrhunderts, in denen Scharen von Menschen, ganze Dörfer, in wilde Ekstase gerieten. Wir aber können heute etwa in einer psychosomatischen Klinik den zur Rarität gewordenen Arc de cercle emotional kaum noch fassen. Ich erinnere mich an einen Fall, bei dem buchstäblich die ganze Klinik vor Aufregung zusammenlief. Das Zeitalter der narzißtischen Schädigung ist durch kleinste Gefühlseinheiten gekennzeichnet. Die oft zitierten «Streicheleinheiten» sind typisch dafür. Es scheint uns selbstverständlich. Wir haben längst eine Microchip-Seele.

Wenn ich im Kontrast dazu jene Paarbeziehungsformen erwähne, die im Tao der Liebe das Stoßen des Mannes charakterisieren, dann neigen wir dazu, in diesen Bildern nur blumige Umschreibungen zu sehen. Ich glaube aber, daß die Bilder deswegen entstanden sind, weil die liebenden Paare sie unmittelbar und konkret auch so erlebten: Die Beispiele stammen aus dem Buch eines chinesischen Arztes aus dem 7. Jahrhundert (Jolan Chang, 1978, S. 62):

1. «Verteile Streiche nach rechts und links wie ein tapferer Krieger, der durch die feindlichen Linien zu brechen sucht.
2. Bäume dich auf wie ein wildes Pferd, das einen Fluß durchquert.
3. Zieh ihn heraus und stoße ihn hinein wie Seemöwen, die auf den Wellen spielen.
4. Stoße in raschem Wechsel tief hinein, dann neckend flach wie ein Spatz, der die Reisreste in einer Schale aufpickt.
5. Stoße abwechselnd tief und flach wie ein riesiger Stein, der ins Meer sinkt.
6. Dringe langsam ein wie eine Schlange, die zum Überwintern in ein Loch gleitet.
7. Stoße rasch zu wie eine verängstigte Ratte, die sich in ein Loch flüchtet.
8. Verharre und stoße dann zu wie ein Adler, der einen flüchtenden Hasen fängt.
9. Erhebe dich und tauche dann in die Tiefe wie ein Segelschiff, das dem Sturm trotzt.»

In diesen Bildern wird sehr schön deutlich, wie ein Mann sich im Liebesakt sowohl männlich aktiv wie weiblich passiv erleben kann und die seelischen Rollen in der Liebe wechseln, dahinfließen und sich verwandeln, je nachdem wie sich die unbewußte Beziehung entfaltet. Ich kann nicht männlich sein, ohne das Weibliche erlebt zu haben – und umgekehrt. Das gilt für die Beziehung zum geliebten Menschen wie für die Beziehung zu mir selbst. Eines läßt das andere entstehen. Es gilt das Prinzip der wechselseitigen Erzeugung. Insofern sind alle Menschen grundlegend bisexuell.

Bild und Rolle des Mannes lassen sich nicht von Bild und Rolle der Frau lösen, Männlichkeit nicht von Weiblichkeit. Daß wir Mann und Frau, was immer wir darunter verstehen, so aufspalten, ist seelisch gesehen ein Abwehrmechanismus, ein durch die Gesellschaftsformation bedingtes Zerwürfnis mit uns selbst. Im tantrischen Hinduismus ist die männliche Gottheit Shiva ohne die Vereinigung mit der weiblichen Gottheit Shakti eine Leiche. Wir sind seelisch gesehen eine Leiche ohne die Vereinigung mit dem anderen Geschlecht. Insofern berührte mich auch der Satz der Psychoanalytikerin Maria Torok: «Die Entdekkung unserer selbst durch das andere Geschlecht wäre die Erfüllung der Humanität, aber genau das haben die wenigsten von uns begriffen.» Wir müssen es erst wieder begreifen. Aber wir begreifen es so schwer, weil eben unsere Verhältnisse nicht der Erfüllung der Humanität entsprechen. Insofern stimme ich dem Satz des Lyrikers Karl Mickel zu: «Anders lieben müssen wir als gestern und mit schärferem Verstand.»

Zwei Personen – eine Sekte

Sexualität und Realität

für Bettina

Als ich zu schreiben begann, hatte ich im Stile einer Glosse vor, die Folie à deux, den Wahn zu zweit, als die Sektenform eines Paares darzustellen und aufzuzeigen, daß unsere täglichen Zweierbeziehungen in ähnlicher Weise zu geschlossenen Systemen führen können. Das Vorhaben hat sich nun zu einem Versuch ausgewachsen, dem Wesen der Sekten auf den Grund zu gehen. Abgesehen von dem so heiklen Unternehmen selbst bin ich auf Zusammenhänge gekommen, die mich nicht gerade sicherer machten. Ich kann sie aber auch nicht mehr abtun. So möchte ich sie als vorläufig formulierte Skizzen zur Diskussion stellen. Ihre Schwerpunkte liegen in der Annahme, daß unsere Realität nicht einfach da ist, sondern von uns nach einem relativ umrissenen Konzept entworfen wird, und in dem Schluß, daß über die so sektenähnliche Verliebtheit hinaus das pure Wesen der Sekten in der sexuellen Hörigkeit zu finden sein könnte. Damit sind wir alle Sektenmitglieder: über den festen Glauben an unsere Form der Realität und über unsere Sexualität.

Indem wir mit Nachdruck auf fremde Sekten zeigen, versuchen wir vergeblich, von der eigenen Sektenzugehörigkeit abzulenken. Warum wir sie in der Verdrängung halten, wird triftige Gründe haben. Auch denen möchte ich nachgehen. Daß sie mit einem Unbehagen, mit eigenen Ängsten zusammenhängen, ist wahrscheinlich. Anders wäre unsere Abwehr nicht zu begründen. Aber was wollen wir nicht wahrhaben? Soviel vorweg: vor allem anderen geht es um zwei ebenbürtige, nicht voneinander lösbare und kaum zu bezwingende Neigungen des Menschen, die wegen ihres archaischen Ursprungs triebähnlichen Charakter haben: mächtig zu sein und sich auszuliefern.

I. Die Sehnsucht, zu herrschen und hörig zu sein

Zweierbeziehung mit stärkstem Gefälle – das Sektenelement

Ohne weiteres hält man Sekten für Gruppen. Und man geht davon aus, daß sie etwas Besonderes an sich haben, oft verschroben sind, wenigstens aber vom Normalen abweichen. Beides scheint mir unhaltbar. Bei näherer Betrachtung ist zu erkennen, daß eine Zweierbeziehung und nicht eine Gruppenbildung ihr Wesen ausmacht und daß sich dieses eigentümliche Verhältnis zweier Menschen zueinander nicht nur in besonderen Fällen zeigt.

Warum soll die Sekte keine Gruppe sein? – Als Kennzeichen einer echten Gruppe kann das vielfältige Beziehungsnetz mehrerer Menschen untereinander gelten. Nur scheinbar gleicht ihr die Sekte. Denn Mehrzahl und Gleichberechtigung, Pluralismus und Demokratie gibt es in Sekten kaum. Die Sekte umfaßt allein den Herrscher und den Hörigen in beliebiger Wiederholung. Sie besteht also aus einer mehrfachen, gleichförmigen Zweierbeziehung. Nur deren Aneinanderreihung erweckt den Schein einer Gruppe. In Wirklichkeit ist sie eine Gefolgschaft. Der Name ‹Sekte› sagt genau das: lateinisch *sequi* heißt nachfolgen. Zwar ist das Nebeneinander vielfacher Abhängigkeitsverhältnisse nicht unbedeutend, weil sich ein Wetteifer der Jünger um die Gunst des Führers entfacht. Doch ist das nur ein zusätzliches Moment. Es vertieft und festigt durch ständige Konkurrenz und Eifersucht die zugrundeliegende Zweierbeziehung.

Zwei Personen in der eigentümlichen Beziehungsform eines absolut Mächtigen und absolut Ohnmächtigen bilden also das Urelement der Sekte. Die Betrachtung von Zweiersekten läßt daher entscheidende Einblicke in die Eigenart dieser menschlichen Formation erwarten.

Eine Erkenntnis ist sofort greifbar: der Führer ist ohne den Jünger nicht denkbar. Was macht Gott ohne den Gläubigen? Diese Frage Nietzsches beruht auf dem einfachen, aber weithin verleugneten seelischen Tatbestand, daß die eine Rolle die andere bewirkt. Der Herrschende verlangt so sehr nach dem Hörigen wie der Hörige nach dem Herrscher. Er wäre psychisch ohne ihn nicht existent. Einer bezieht seine Identität aus dem anderen. Beide sind also in elementarer Weise aufeinander angewiesen. Der Führer fühlt sich durch Abtrünnigkeit in seiner Existenz ebenso vernichtet wie der Jünger durch die Abwendung seines Herrn. Gläubigkeit und Gehorsam halten die Bindung aufrecht wie Segen und Befehl. Diese Erkenntnis einer wechselseitigen Abhängigkeit von Herrscher und Hörigem läßt den verbreiteten Glauben einer einseitigen Auslieferung des Anhängers an seinen Führer nur als einen Teil des Ganzen deutlich werden. Die beiden Rollen kommen nicht einzeln vor. Wir können sie nicht analytisch getrennt begreifen. Das Wesentliche an ihnen ist das, was sie gemeinsam als ein seelisches Ganzes darstellen: das Macht-Ohnmacht-Verhältnis, das extreme seelische Gefälle. Bevor wir nach dem Sinn einer solchen auffälligen Beziehungsform fragen, die zwei Menschen gleichberechtigt eingehen, sollten wir einige konkrete Beispiele heranziehen.

Die Hypnose. Die Hypnose beruht auf einer ähnlichen Beziehungsform. Entgegen der allgemeinen Meinung, daß der Hypnotiseur der aktive Partner sei und den anderen in seine seelische Verfügung bringe, stellt vielmehr die Bereitschaft, sich beeinflussen zu lassen, das heißt die Suggestibilität, die hypnotische Beziehung her. Der Hypnotiseur sorgt nur für günstige äußere Bedingungen. Derjenige also, der in Hypnose fallen will, macht den anderen zum Hypnotiseur. Er tritt seine seelische Steuerung an den anderen ab. Der Partner allerdings muß seinerseits bereit sein, sie auch zu übernehmen. Beide Personen wirken also gleichermaßen daran, jene extreme Abhängigkeitsbeziehung zwischen sich entstehen zu lassen, die eine Hypnose ausmacht. Die gleiche hypnotische Qualität kennzeichnet die Beziehung der Sektenmitglieder zu ihrem Herrn. Dabei ist trotz des enormen Unterschiedes der Rollen – deren eine allen, deren andere keinen Einfluß ausübt – die nahezu unheimliche Gleichberechtigung beider Beteiligten nicht aus dem Auge zu verlieren. Die gleichrangige Urheberschaft an der ungleichgewichtigen Beziehung ist grundlegend für jeden weiteren Erkenntnisschritt. Die Auffassung, hier bemächtige sich einer einfach des anderen, entspricht also einer verdächtig einfachen Deutung des Geschehens. Der Wunsch, einen ‹Schuldigen› zu finden und damit weiteres Verstehen zu blockieren, dürfte der Vater dieses verbreiteten Gedankens sein. An der doppelten Bedingung dieses abgründigen Gefälles zwischen zweien müssen wir festhalten: an der Lust zu herrschen und an der Lust, hörig zu sein.

Dann erst kann sich die nächste Einsicht erschließen: ebensowenig wie der Mächtige und der Hörige unabhängig voneinander existieren können, sind der Wunsch zu beherrschen und der Wunsch, sich zu unterwerfen, getrennte seelische Vorgänge. Der Herrscher muß die Empfindungen des Hörigen ganz nachvollziehen können. Anders könnte er seine Macht nicht erleben. Und umgekehrt trägt jeder Jünger seinen Herrn in sich, sonst wäre seine Hingabe, ja er selbst, bedeutungslos. Einer muß also den anderen in sich haben, sonst existierte er nicht, sonst verfiele seine Identität. Einfacher, aber ungewohnter gesagt: beide haben die ganze Abhängigkeitsbeziehung mit beiden Rollen in sich. Eben deswegen sind sie in der Lage, gleichberechtigt das Gefälle in höchster emotionaler Intensität zwischen sich entstehen zu lassen. Deswegen sind die Rollen auch austauschbar – soweit sie nicht durch soziale Positionen oder lebensgeschichtliche Momente fixiert sind.

Die sadomasochistische Union. Gut beobachten läßt sich das bei einer recht verbreiteten Zweiersekte, die aus der Beziehung zwischen einem Sadisten und einem Masochisten besteht. Das triebhafte Gefälle zwischen einem, der mit Lust Schmerzen zufügt, und einem, der mit ebenso großer Lust Schmerzen erleidet, stellen beide Partner gleichermaßen her. Ihre wechselseitige Befriedigung ergibt sich auch aus dem tiefen Miterleben des anderen. Sie genießen sozusagen mit verteilten Rollen dieselbe Beziehung. Eben deswegen spricht man von Sadomasochismus.

Opfer und Täter. Die moderne Kriminalwissenschaft weiß darum, wenn es um die unbewußten Entsprechungen zwischen verbrecherischem Täter und seinem Opfer geht. Das Opfer kann die Tat so sehr bewirken wie der Täter. Ein spezieller Zweig, die Viktimologie, versucht das Verhalten des Opfers zu erkunden, das zum Verbrechen führt. Der Täter und sein Opfer bilden also eine weitere Zweiersekte, einen Zwei-Personen-Geheimbund, dessen herausragende Eigenschaft es in diesem Falle ist, die aktive Beteiligung des Opfers unbemerkt zu lassen.

Nun war die These, daß ein solcher Bund zweier Menschen, die sich in denkbar ungleiche Rollen aufteilen, nicht ungewöhnlich ist, sondern gewöhnlich. Beiläufig aber wurden Zweiersekten erwähnt, die doch als Sonderfälle gelten müssen: die rare Verbindung des Hypnotiseurs mit dem Hynotisierten; die sadomasochistische Union als sexuelle Abweichung; der geheime Täter-Opfer-Bund. Was soll da üblich sein? Kann man diese Beziehungen überhaupt als Sekte bezeichnen? Denn es scheint doch zu fehlen, was Sekten im Innersten zusammenhält: der absolute Glaube.

Kurzfassung des Sektentums

Die ehrwürdige «Encyclopaedia Britannica» definiert in ihrer neuesten Fassung das Sektierertum als «die ausschließliche Bindung an eine umschriebene Einheit von Glaubenssätzen oder Auffassungen, besonders in Religion und Philosophie». Bemerkenswerterweise entfällt jeder Hinweis auf den Inhalt des Glaubens: daß er etwa regelmäßig von der Auffassung der Mehrheit abweiche und somit gleichsam dem Sondervotum einer Minderheit entspreche; oder daß er anderweitig eigenartige Züge erkennen lasse, beispielsweise einen Größenwahn, eine Verkennung der Realität, eine Simplifizierung, eine Glorifizierung, eine offenkundige oder versteckte Gewalttätigkeit. Einzelne Sekten bieten selbstverständlich dieses oder jenes Merkmal: die «Transzendentale Meditation» etwa den Größenwahn in Form ihrer Weltplancenter, das «House of Israel» den haßerfüllten Vernichtungswillen in den rassistischen Bemerkungen, alle Weißen seien Ungeziefer. Doch lassen sich jeweils Gegenbeispiele stiller Bescheidenheit und verläßlicher Friedfertigkeit finden. Der Inhalt des Glaubens spielt nicht die tragende Rolle. Ja selbst das Merkmal, daß der Glaube von der Mehrheitsauffassung abweiche, greift nicht. War nicht im Nazireich die Mehrheit eine Sekte, obwohl die Minderheit der Gegner im eigenen Land als Sektierer verfolgt wurde? – Weder die Art des Glaubens, noch der Umfang seiner Ausbreitung wäre also ein brauchbarer Maßstab für Sekten.

Der menschliche Realitätsentwurf als profaner Glaube

Darüber hinaus geht es nicht nur um den Glauben in dem mehr oder weniger religiösen Sinne. Es geht, philosophisch gesprochen, um letzte Überzeugungen, die unsere Wirklichkeit ausmachen, um das Realitätskonzept, das uns überhaupt erst in die Lage versetzt, so und nicht anders wahrzunehmen, zu empfinden, zu denken, Beziehungen einzugehen.

Der Angehörige eines nordamerikanischen Indianerstammes, der still am Flusse sitzt und wahrnimmt, daß aus der Krone eines nahen Baumes wilde feindliche Heerscharen stürzen (Erikson), gälte in unserer westlichen Wirklichkeitsstruktur als paranoid. In seinem Kreis gehören solche Halluzinationen jedoch zum üblichen Alltag. Jeder der Seinen erlebt es so. Ihre Wirklichkeit ist anders gestaltet als unsere. Ihr «Bezugssystem», wie der gebräuchliche Begriff lautet, unterscheidet sich von unserem. Für unser Vorhaben, die Eigenart der Sekten zu erfassen, ist wesentlich, daß religiöser Glaube, profan gesagt, zur Realitätsauffassung gehört – oder wie immer man sagen möchte: zum Weltbild, zum Lebenskonzept, zum Bezugssystem, zum Bedeutungsraum. Mir scheint der Ausdruck Wirklichkeitsstruktur am wenigsten durch Nebenbedeutungen belastet zu sein.

Wir gehen im Alltag davon aus, daß die Realität so ist, wie wir sie wahrnehmen. Wir verkennen dann, daß wir alle im Laufe unserer Lebensgeschichte ein inneres Konzept entwickelt haben. Dieses Konzept gibt uns erst die Möglichkeit wahrzunehmen, das heißt zuzuordnen, zu erleben. Es ist natürlich in engstem Zusammenhang mit unserem familiären und gesellschaftlichen Umfeld und in großen Zeiträumen historisch entstanden. Allein deswegen erscheint es uns wie unwandelbar. Seine Veränderungen laufen so langsam ab, daß wir sie nicht bemerken. Mit diesem Konzept gestalten wir gleichsam unsere Wirklichkeit. Nur gelegentlich begeben wir uns über unser Alltagsbewußtsein hinaus in jene Höhen, in denen wir erkennen können, daß die Realität nicht einfach *ist*, sondern *von uns entworfen* ist. Allzuselten machen uns besondere Ereignisse darauf aufmerksam: ein Kaspar Hauser, ein Wolfskind oder blinde Menschen, die erst in ihrem dreißigsten Lebensjahr durch eine neue operative Technik optisch einwandfrei empfangen, aber eben nicht sehen konnten (vgl. Senden). Licht und Farbe war in ihre Wirklichkeitsstruktur nicht mehr einzufügen, so daß einige auf die jetzt gegebene Möglichkeit zu sehen freiwillig verzichteten. Nur in einem höheren Reflexionszustand entdecken wir auch die wirklichkeitsstiftende Macht unserer Sprache (vgl. Berger und Luckmann). Ihre Grammatik – kühn gesagt – enthält die entscheidenden Elemente unseres Realitätsentwurfs. Wir kennen Zustände, in denen unsere Wirklichkeitsstruktur sich verändert oder sogar auflöst: im extremen Fall führt der experimentelle Entzug aller Sinnesempfindungen (*sensory deprivation*) bei jedem Menschen zum Zusammenbruch der Realität, das heißt zu einer Art Psychose. Ähnlich wirkt aber auch eine Überreizung (*sensory overstimulation*). Leichte Auflockerungen oder Verzerrungen der üblichen Wirklichkeit kennt jeder aus Übermüdungszuständen, die einer Ichschwäche entsprechen und die organisierende Funktion teilweise außer Kraft setzen: Raum und Zeit gewinnen gleichsam andere Maße. Manchmal haben wir auch beim morgendlichen Erwachen nicht nur die Orientierung, sondern das übliche Realitätsgefüge verloren. Drastischer wirken Drogen. Im übrigen begegnet nachts jeder einer ganz anderen Wirklichkeitsstruktur in seinen Träumen, in denen wir zum Beispiel fließende Verwandlungen oder Verdichtungen ohne weiteres hinnehmen. Daß Wirklichkeitsstrukturen in mehr oder weniger großem Umfang austauschbar sind, beweist nicht nur die Hypnose. Die Technik der Gehirnwäsche bewirkt gezielt eine solche Realitätstransfusion. In verhaltener Form sind die Aufnahmeriten einer Sekte ähnlich gebaut, da ja auch hier eine Konversion, ein Wechsel der Wirklichkeitsauffassung, stattfinden muß. Oft geht das mit einer von der Umwelt deutlich bemerkten plötzlichen Persönlichkeitsänderung einher. Conway und Siegelman behaupten, daß ein solches Umschlagen der eigenen Identität in den Vereinigten Staaten bereits epidemische Ausmaße angenommen habe. Es wird als «snapping» bezeichnet.

Wir sind damit an einem entscheidenden Punkt: jeder Persönlichkeitsstruktur – von denen die Psychoanalyse relativ gut zehn Formen unterscheiden könnte – entspricht eine dazugehörige Wirklichkeitsstruktur. Die Welt der Depressiven ist anders gestaltet als die der Zwangsneurotiker, die der Paranoiden anders als die der Phobiker, die der Hysteriker anders als die der Süchtigen. Alle haben – um die Definition wieder aufzugreifen – «eine ausschließliche Bindung an eine umschriebene Einheit von Auffassungen». Sie haben ihr besonderes Bezugssystem, mit dem sie die Ereignisse des Lebens auf ihre Weise verstehen. So sieht der Depressive die Menschen eher sterben als leben, der Paranoide hält auch die friedliche Situation für den Ort einer lauernden Gefahr. Da ich mich hier aber auf die Zweiersekte beschränken möchte, will ich nur ganz knapp herausgreifen, was für das weitere Verstehen hilfreich sein könnte.

Seelische Störung als Sektentum

Je stärker die sogenannte Psychopathie ausgeprägt ist, desto fixierter und also weniger flexibel ist die Persönlichkeits- und Wirklichkeitsstruktur. Beide gehören ja deswegen so selbstverständlich zusammen, weil unser Selbst und unsere Umwelt nicht voneinander zu trennen sind. Sie bilden beide als sogenannte innere und sogenannte äußere Realität unsere Wirklichkeit. Die Fixierung, die Rigidität, die Starrheit, kurz: die in der Definition entscheidende Ausschließlichkeit gilt Psychoanalytikern seit langem als das Kernmerkmal seelischer Störungen. Sofern eine Psychose oder Neurose als eine durchgehende Störung in der Organisation des Selbst und seiner Wirklichkeit angesehen werden kann und sozusagen einer früheren, meist kindlichen Lebensphase entspricht, gewinnt sie die Qualität einer Sekte. Der unbewußte Konflikt prägt die «Glaubenssätze», an denen der Kranke haftet. Der Grad der Ausschließlichkeit, der seelischen Fixierung an diese innere Wirklichkeit, bestimmt das Ausmaß der seelischen Störung und damit ihre Sektenhaftigkeit.

Nun aber ist dieses verbreitete diagnostische Vorgehen, «totale Krankheitseinheiten» oder gar «Persönlichkeitsstrukturen» als Kategorien festzuschreiben, heute nicht mehr überzeugend. Ein solches Verfahren entspräche eher einer Fixierung derer, die da urteilen, an überholte Auffassungen. Wir entdecken damit die Sekte der Diagnostiker in der Psychopathologie. Sie und viele von ihnen beeinflußte Laien sind in gewisser Weise ebenfalls zu sehr an die Störung fixiert – mit dem entscheidenden Unterschied, daß es hier um die Störung der anderen, nicht um die eigene Konfliktlage geht. Die anderen aber als die Kranken, die Kaputten, die Sektierer zu definieren kommt einem als Ablenkung von sich selbst kaum ungelegen.

Was bewirkt diese Fixierung auf die psychische Störung des anderen? Erstens wird der andere fälschlicherweise vollständig mit seinem gestörten Anteil identifiziert; seine gesunden oder gesundheitsbildenden Fähigkeiten werden übersehen. Der Kranke gilt als *ganz und gar* krank. Zweitens wird die Störung ebenso ausschließlich zu einem *ständigen* Merkmal der Person erklärt; sie wird etwa aus dem Zusammenhang mit einer vorübergehenden Lebenssituation oder – was für Zweiersekten wichtig ist – mit den Beziehungen zu anderen herausgelöst. So geht also die Neigung, Teile für das Ganze zu halten und zu verallgemeinern, mit einer ausschließlichen und isolierenden Betrachtung einher. Fast unnötig, noch einmal zu betonen, daß eine solche Wahrnehmung auch typisch ist für Sekten.

In unserer Zeit, die durch «Entpathologisierung» seelischer Vorgänge gekennzeichnet ist und damit vielleicht den wesentlichsten Beitrag zur ‹Entsektung› des Alltags leistet, sind sich die Therapeuten klarer geworden über seelische Störungen:

- Sie werden heute im psychosozialen Zusammenhang, vor allem im Kontext eines menschlichen Beziehungsgeflechts gesehen und damit nicht mehr im Individuum allein fixiert: Meine oder deine Depression kann unsere Depression sein.
- Sie gelten nicht als umschriebene Krankheitsformen im Sinne von Kategorien, sondern als eine Bereitschaft unter vielen anderen, stärkstenfalls als eine mehr oder weniger ausgeprägte Dimension: Ich kann depressiv werden,

gleichzeitig aber auch ängstlich, phobisch oder zwanghaft. Vor allem bin ich außerdem auch noch gesund. Mein Kranksein ist nur ein Teil von mir, der gemeinsam mit meinem Gesundsein auftritt.

- Schließlich werden Störungen oft auch als vorübergehende situative Phänomene erkannt: wenn ich depressiv bin, mag das aus vorübergehenden, offenkundigen oder unbemerkten Belastungen resultieren, deren Abklingen und Wiederaufkommen meinen Zustand mitbedingen.
- Ja seelische Störungen (z. B. depressive Verstimmungen) können in einem pathologisch angepaßten Milieu (z. B. einer perfekt sich abspielenden Arbeitsgruppe) auch Zeichen seelischer Gesundheit sein.

Was haben wir damit für das Verständnis der Sekten gewonnen? Wenn der seelischen Störung ebenso eine ausschließliche Bindung an bestimmte Realitätsauffassungen bzw. «Glaubenssätze» zugrunde liegt wie der Sektenzugehörigkeit, dann müssen wir der geschilderten «Entpathologisierung» auch eine «Entsektung» folgen lassen. Sie ist in der heutigen Diskussion nötiger denn je. Die Parallelen sind klar:

1. Sektenhaftigkeit ist nicht individuell festzumachen, sondern vor allem im Zusammenhang einer Beziehung zu sehen. Sie ist ein interaktionelles Symptom in doppelter Hinsicht. Die Bindung an die eine Wirklichkeit und ihre Menschen hält nicht mehr, die anderen Beziehungen und deren Realität haben einen stärkeren Einfluß, eine größere Attraktivität.
2. Sektenhaftigkeit erfaßt uns nur in extremen Fällen total. Wir sind in der Regel nur teilweise sektenhaft. Oder anders gesagt: wir sind gleichzeitig sektenhaft und nicht sektenhaft. Maßstab ist hier der Grad der Fixierung an

eine Überzeugung, die auch nur einen Teil des Lebensbereichs betreffen kann. Fanatismus etwa als intensivstes Signal kann sich gar nicht auf alles beziehen; er betrifft nur Teilbereiche.

3. Sektenhaftigkeit ist in der Regel ein situatives oder phasenspezifisches Phänomen, dessen Spannweite von der Anfälligkeit der identitätssuchenden Jugend für starke Überzeugungen bis zur bekannten Polarisierung festgefahrener Auffassungen in fruchtlosen Diskussionen reicht.

4. Sektenhaft müssen wir wohl auch zu bestimmten Zeiten sein; die fanatisch anmutende Begeisterung Jugendlicher für ihre Ideen im Zuge der Identitätsbildung oder das glühende Verfechten der Regeln und Auffassungen einer Berufsgruppe oder eines Sportklubs, besonders durch frischgebackene Mitglieder, sind Beispiele einer solchen normalen, wenn nicht notwendigen Sektenhaftigkeit.

Wie heute keiner mehr ernsthaft behaupten kann, er sei von seelischen Störungen frei, kann allein in dieser Betrachtungsweise auch keiner seine eigene Sektenhaftigkeit bestreiten.

Seelische Gesundheit und Sektentum

Die Lage wird vertrackter, wenn wir auch noch vermuten müssen, daß derjenige, der fest zu seinen Überzeugungen steht, durchaus als Vorbild seelischer Gesundheit gelten kann. Auch noch – soweit gesund – einer Sekte zugehörig? Wem bleibt ein Ja erspart? Denn es geht gar nicht um bewußte, öffentlich bekundete Überzeugungen, wie die von Giordano Bruno (1548–1600), diesem Sektierer in den Augen der Kirche, der zu verbrennen war. Vielmehr kann keiner von uns auf Dauer ohne jenen inneren Halt leben, der allein ihm eine unverbrüchliche Auffassung seiner Realität garantiert. Selbst der Hinweis auf den Ungläubigen führt nicht weiter. Er ist nicht ohne Glauben. Er glaubt nur anders. Oder in der Verdrängung. Seine feste Burg ist die Verneinung. Jetzt allerdings kehrt sich die Meinung, Sekten seien absonderlich, «irgendwie nicht richtig», nahezu um: müssen wir, um leben zu können, Sektenmitglieder sein? Wir müssen es, wenn wir bejahen, daß eine stabile Wirklichkeitsstruktur auf dem Hintergrund einer festen Realitätsauffassung unser Leben konstituiert. Damit wird es also zweitrangig, ob die Realitätsauffassung unseres Erachtens gestört, verzerrt oder normal ist. Das war schon gesagt: der Inhalt des Glaubens kann keine entscheidende Rolle spielen, so wichtig er auch für eine Beurteilung der Sekte sein mag. Haben wir einmal diese Perspektive gewonnen, daß alle durch einen festen Bestand an Überzeugungen, ja durch ihre Art, die Realität zu entwerfen und zu erfassen, ihre Sektenzugehörigkeit bekunden, dann öffnen sich erst die Augen für differenziertere Verhältnisse: nicht die Frage, ob du im Gegensatz zu mir einer Sekte angehörst, entpuppt sich als entscheidend, sondern *welcher* Sekte, *welcher* unverbrüchlichen Realitätsauffassung jeder von uns anhängt.

Damit kommen wir um eine kräftige Relativierung unserer eigenen Selbstverständlichkeiten nicht herum. Wie wirklich ist die Wirklichkeit? Offenbar gibt es nicht nur eine, sondern mehrere Realitäten? Welche Realität ist richtiger – deine oder meine? Historisch gesehen ist immer die Realität der Mächtigen die vermeintlich richtige. Will man die reine Machtlösung im Sinne der Unterdrückung meiden, dann bleibt man isoliert nebeneinander. Selbst eine wechselseitige Übersetzung der Wirklichkeiten ist ausgeschlossen, weil sie ja schon eine neue gemeinsame Realität bedeutete. Üblicherweise versucht man sich zu verstehen, wobei der Einflußreichere, also der Mächtigere, die neue gemeinsame Wirklichkeit stärker prägt. Die aristotelische Logik zum Beispiel – ein Kernbestandteil unserer weltbeherrschenden Westsekte – ist *eine* mögliche geistige Form *unter anderen*, historisch geworden, nicht naturgegeben. Es ist unzulässig, einen Glauben und darüber hinaus eine Realitätsauffassung, die anders als die eigene ist, als falsch zu bezeichnen. Welcher Glaube soll der «richtigere» sein, wenn sich ein Christ und ein Buddhist begegnen?

Warum verbergen wir unsere eigene Sektenhaftigkeit?

Ja wenn das so klar ist, so selbstverständlich, warum verbergen wir unsere Sektenhaftigkeit? Unter zahlreichen Gründen scheinen mir die folgenden von besonderer Bedeutung:

1. Wir nehmen spontan immer die Position ein, die uns als Zentrum erscheinen läßt. Wir halten den Sekten vor, daß sie sich fälschlicherweise als Mittelpunkt des Weltgeschehens empfinden. Indem wir diesen Vorwurf erheben, setzen wir uns aber selbst in eine solche Position und meinen mit ähnlicher Überzeugung, es verstehe sich von selbst, daß unsere Realität die einzig richtige sei. Diese allgemeine Selbstzentriertheit des Menschen beruht vor allem auf der einfachen Tatsache, daß wir notwendigerweise zu uns selbst eine durchgehende und intensive Beziehung haben. Keine Beziehung zu einem noch so nahen Menschen kann je diese Kontinuität erlangen. Zudem ist unsere sinnliche Wahrnehmung eben so geartet, daß wir – beim Sehen und Hören der Umwelt zum Beispiel – den Mittelpunkt bilden, auf den hin alles zusammenfließt. Eben deswegen ist dieser Mittelpunkt auch ein Zentrum unseres Narzißmus. Nur wenn wir bereit sind, eine

schwere Kränkung auf uns zu nehmen und durchzuarbeiten, können wir die Auffassung, selbständig, unabhängig und Mittelpunkt zu sein, aufgeben. Erst nachträglich erkennen wir deutlich, daß wir bereits mehrfach aus Realitätsentwürfen vertrieben wurden, an denen wir ausschließlich hafteten wie Sekten an ihrer Ideologie. Großen Erschütterungen und stärksten Anfeindungen waren die neuen Realitätsauffassungen ausgesetzt; bis sie sich durchsetzten, galten sie als sektiererisch. So als es hieß, wir seien nicht der Mittelpunkt des Weltalls; so als wir keine unabhängige Schöpfung, sondern mit den Affen verwandt und Ergebnis einer langen Evolution sein sollten; so als unser Bewußtsein von unbewußten Vorgängen und von gesellschaftlichen Verhältnissen geprägt sein sollte. Unser heutiges Weltbild hat sich während seiner geschichtlichen Gestaltung vielfach Entrüstungen über seinen sektenartigen Charakter eingehandelt. Die Schmerzen, die Galileo Galilei der Menschheit bereitete, als er sie aus der Gewißheit, im Zentrum des Kosmos zu stehen, vertreiben mußte, sind aber nur Symbol für jeden Verlust einer angestammten Vorstellung, die zum gewohnten Gefüge einer seelischen, geistigen Heimat gehört. Auf Grund unserer unvermeidlichen Neigung, die zentrale Position einzunehmen, *müssen* wir uns selbst stets als der rechte Maßstab fühlen und andere als Sektierer abtun. Anders gesagt: weil wir gebunden sind an die Vorstellung, zentral zu sein, weil wir insofern unvermeidlich sektenhaft sind, nehmen wir die anderen als Sektierer wahr. Unser «natürlicher» Narzißmus verhindert also, das eigene Sektentum anzuerkennen oder, was dasselbe ist, uns zu relativieren, den Mittelpunkt aufzugeben.

2. Mit der Anerkennung der eigenen Sektenzugehörigkeit könnten wir aber auch den anderen ihre Sektenhaftigkeit nicht mehr vorhalten. Wir könnten sie moralisch

nicht verdammen und nicht für weniger wertvoll erachten. Wir wären gezwungen, unsere Werte ebenso in Frage zu stellen. Weil wir das nicht wollen, ziehen wir die moralische Einstellung einer verstehenden Haltung vor. Verstehen setzt eine volle Anerkennung des anderen voraus. Sie beruht auf einer demokratischen Beziehung, auf einer seelischen Gleichberechtigung. Die moralische Einstellung dagegen entspricht meist einer Hierarchie, einem Machtverhältnis. Aus dieser Position heraus kann man den anderen nicht nur unterdrücken, man kann auch eigene Anteile, die man nicht wahrhaben will, in den anderen projizieren und dort bekämpfen. Die Empörung über die heutigen Sekten hat nicht nur eine berechtigte Quelle angesichts der tatsächlichen Mißstände innerhalb dieses oder jenes Kultes, vielmehr erhält sie wohl ihre Brisanz durch die Projektion der eigenen Sektenhaftigkeit. Wenn wir uns nun selbst die eigene Sektenhaftigkeit eingestehen, müßten wir uns schließlich auch die Frage stellen, worum es denn nun geht. Die Zugehörigkeit selbst kann es nicht sein. Dann aber bleibt nur noch der Streit um die Inhalte der Realitätsauffassung. Soweit wir aber keine Kriterien für die Realität an sich haben, entscheiden nicht die Inhalte über richtig oder falsch, sondern die Machtverhältnisse. Zwischen Kommunismus und Kapitalismus erleben wir seit Jahrzehnten diesen Kampf. Natürlich verstecken die Mächtigen in der Regel ihre Macht. Sie sprechen lieber davon, die richtige Auffassung zu haben.

3. Der für mich entscheidendste Beweggrund, die eigene Sektenzugehörigkeit nicht wahrhaben zu wollen, liegt allerdings noch tiefer und berührt unter anderem die bedenkliche Hochachtung vor sogenannter Wertneutralität. Wertfreiheit kann aber nichts anderes sein als die Verleugnung der eigenen Bindung an Werte. Warum verbergen wir sie? Für den einzelnen oder eine enger verflochtene

Gruppe, die gemeinsame Werte teilt, kommt ein Verlust der gewohnten Realitätsauffassung einer tiefen existentiellen Verunsicherung gleich, die im äußersten Fall seelische Auslöschung bedeutet. Je nach dem Umfang des Verlustes entsteht eine mehr oder weniger tiefe von innerer Panik begleitete Krise. Nun ist aber schon die Anerkennung, an eigenen Werten festzuhalten, womit man wohl oder übel eine eigene Sektenzugehörigkeit bekennt, ein folgenschweres Eingeständnis insofern, als andere «Götter» in Gestalt ebenso ausschließlicher Überzeugungen neben den eigenen wahrgenommen werden müssen. Nehme ich eigene Werte wahr, so muß dasselbe auch für andere gelten. Allein diese zwangsläufige Relativierung der eigenen Ausschließlichkeit verstört das tiefe Geborgenheitsgefühl, lockert die absolute Bindung, bringt die eigene Welt ins Wanken und löst Angst aus. Wir wollen aber unsere seelische Heimat bewahren. Deshalb können nicht wir, sondern nur die anderen Sektierer sein.

Die absolute Bindung – Hauptmerkmal der Sektenhaftigkeit

Wir können wohl nicht umhin anzuerkennen, daß wir alle großen und kleinen Sekten angehören. Für die Struktur einer Sekte ist der Inhalt der unterschiedlichen Überzeugungen zweitrangig. Was ist dann aber als besonderes Merkmal hervorzuheben? Mir scheint, daß nicht die Auffassung selbst, sondern die *Bindung* an diese Auffassung ein brauchbares Maß für unsere Sektenhaftigkeit bieten könnte. Entscheidend ist also eine besondere Qualität der Beziehung zu einem Lebenskonzept, die Ausschließlichkeit, die unerschütterliche Treue, die Bedingungslosigkeit, der stille oder laute Fanatismus, kurz die Intensität der Bindung. Zunächst sieht es so aus, als ob zu dieser absoluten Bindung noch ein zweites Merkmal hinzukäme: die Tatsache nämlich, daß die Auffassungen und Glaubenssätze eine umschriebene, begrenzte Einheit darstellen; daß es sich also eher um ein geschlossenes, weniger um ein offenes System handelt. Ausschließliche Bindung ist aber nur an konkret umgrenzte Objekte, hier in Form von Anschauungen, möglich. Absolutheit und geschlossene Begrenzung gehören also ihrem Wesen nach zusammen. Im übrigen sorgt jede absolute Bindung für den Ausschluß anderer Beziehungen. Daher kommt hier noch das bekannte Merkmal der Isoliertheit von Sekten hinzu. Sie hat ihre intrapsychische Entsprechung in dem Phänomen, daß wir unsere letzten Werte üblicherweise nicht zur Diskussion stellen, das heißt ebenfalls in der Isolation halten. Sie gehören zu unseren Selbstverständlichkeiten. Doch ruft die ausschließliche Bindung nicht nur eine solche Isolation hervor, sie wird auch umgekehrt durch Isoliertheit bewahrt.

Aber auch mit dieser Erkenntnis, daß Sektenhaftigkeit eine ausschließliche, intensive Bindung an letzte Auffassungen, Werte, Überzeugungen und Glaubenssätze kennzeichnet, können wir uns nicht ohne weiteres von wirren Fanatikern absetzen. Schon wenn ich unverfänglich sage, «eins und eins ist zwei», gerate ich ins Zwielicht einer ausgeprägten Sektenhaftigkeit. Denn wer so zählt und das allein für richtig hält, folgt unbeirrbar einer Überzeugung. Der *absolute* Glaube aber ist der Stoff, aus dem die Sekten sind. Erst wenn ich mir – selten genug – bewußt werde, daß ich einer mathematischen Vereinbarung folge, begebe ich mich aus der Ausschließlichkeit meiner rechnerischen Überzeugung heraus, löse mich also für diesen speziellen Bereich aus meiner Sektenhaftigkeit. Üblicherweise aber glaube ich so fest an diese Abmachung, daß ich sie schlicht mit der Realität gleichsetze. So geht es mir mit vielem anderen. Der Alltag ist meine Sekte. Seine unbefragten Selbstverständlichkeiten entsprechen meiner Sektenhaftigkeit. Vielleicht kann allein die Reflexion aus ihr herausführen, doch sind natürlich auch die Gedanken nicht so frei, wie wir es uns in Liedern vorgaukeln.

Wie verknüpft sich nun «die ausschließliche Bindung an eine umschriebene Auffassung» mit jener anfangs hervorgehobenen Beziehung zweier Personen in extrem ungleichgewichtigen Rollen, dic für Sekten als charakteristisch angesehen wurde?

Die Lösung fällt leicht. Beiden Definitionen ist die absolute Bindung gemeinsam. Ist in einem Falle eine Person als Inkarnation, als Fleischwerdung eines Glaubens, das Objekt der Bindung, so ist es im anderen Falle allein der Glaube. Soviel Streitereien es auch in der Kirchengeschichte um diesen Unterschied gegeben hat, er ist vergleichsweise unerheblich. Psychodynamisch gesehen entspricht die abstraktere Version, die Bindung an eine Auffassung, einer seelisch weiterentwickelten und meist auch stärker verinnerlichten Beziehung. In ihr ist nicht mehr die konkrete Person, sondern das Wesen, die Essenz dieser Person, entscheidend. Die personengebundene Beziehung ist entwicklungsgeschichtlich früher, urtümlicher und wahrscheinlich deswegen auch intensiver. Sie entspricht einer Regression, einem Rückfall auf frühere Entwicklungsphasen. In der persönlichen Entwicklungsgeschichte haben wir ja unsere Realitätsauffassungen stets in einer konkreten Beziehung zu einer Elternfigur erfahren. Sie bildet also den Boden und Hintergrund jeder abstrakteren Beziehung zu einem Glauben. In der gesellschaftlichen Entwicklungsgeschichte wurden die großen personenzentrierten Religionen, die der Sozialstruktur (zum Beispiel den großen Reichen der Ackerbaugesellschaften) entsprachen, im Zuge der Industrialisierung durch abstraktere

Glaubensformen wie Humanismus oder Kommunismus abgelöst (vgl. Lenski). Auch in dieser sozialstrukturellen Sicht entspricht also die Zweierbeziehung zwischen Herrscher und Hörigem einer Regression in agrikulturelle Lebensorganisationen. Damit ist die regressivere Form übrigens weder schlechter noch falscher. Sie ist anders, zum Beispiel plastischer, dem Ursprung näher und greifbarer:

«Er ist unser Befehlshaber. Wir gehorchen einfach. Ganz gleich, was dabei herauskommt, sogar wenn es dich tötet.» So steht es im Mo-Brief *Kämpfe* für die «Kinder Gottes». So geschah es beim Massenselbstmord der Volkstempelsekte in Guayana. So kann es sich in jeder Sekte wiederholen. Rabbi Washington und seine achttausend Jünger der Sekte «House of Israel» erklärten sich dazu jederzeit bereit (vgl. Buss). Aber nicht nur dort. Wie steht es mit unserer Sekte? In jedem Krieg zieht ein «Gott mit uns» in den Tod. Tausende sind für ihren unverbrüchlichen Glauben, für ihre Idee, für das, was sie für wahr hielten, gestorben.

Was zählt mehr als das Leben?

Was ist das? Was zählt mehr als das Leben? Es kann nur der Sinn des Lebens sein. Ist er wirklich nur in unser Ermessen gestellt? Tausend und eine Wirklichkeitsauffassung scheinen das zu bestätigen. Auf diese letzte Frage, was der Sinn des Lebens sei, müssen Menschen tatsächlich eine Antwort finden. Denn was ist das Leben, wenn es für nichts da ist? Hier liegt das Kernproblem. Die Zweierbeziehung muß die Lösung in sich tragen. Meine These ist, daß sich in ihr eine mächtige Urform menschlicher Beziehung spiegelt, die wir vergeblich zu verdrängen suchen: die absolute, sinnerfüllende Vereinigung, in der Herrschen und Hörigsein nur zwei Seiten desselben Geschehens sind.

II. Zweiersekten

Um aus der Fülle der Zweiersekten jene herauszugreifen, die Einblicke in diese Urform und Sinnerfüllung zu bieten scheinen, beginne ich mit der lebensgeschichtlichen Basis: der Mutter-Kind-Sekte. Es folgt die als Zweiersekte leicht zu akzeptierende Folie à deux, der Wahn zu zweit. Von diesem Spezialfall komme ich auf die verbreitete Zweiersekte in Form der Kollusion längerfristiger Partnerschaften. Dann betrachte ich eine geläufige Sektenbildung zu zweit: die Verliebtheit. Und schließlich scheinen die meist geheimgehaltenen sexuellen Phantasien der Männer und Frauen die mächtige Urform menschlicher Beziehung in ihrer Gewalt und Leidenschaft wohl am geringsten zu verstellen. Sie gleicht der sexuellen Hörigkeit, einer ausschließlichen Bindung, die doppelt verdächtig ist durch ihre ungebrochene Faszination und durch unsere angstvolle Ablehnung.

Mein Ein und Alles: die Mutter-Kind-Sekte

In die Psychosomatische Poliklinik kamen eine lebhafte, schlagfertige Bäuerin und ihr elfjähriger Koloß von Söhnchen. Er wog über zweihundert Pfund und brachte während des Gesprächs nur auf energisches Drängen diesen oder jenen Wortbrocken heraus. Die Mutter redete allein. Mehrmals hatte das Gesundheitsamt bereits eingegriffen und den Sohn zu einer Diätkur gebracht. Die Mutter dazu: «Wenn Se mr den wegnemme, ge isch droff. Ich leide, wenn de Bubb weg ist. Zuletzt wor'n es sibbe Woche. Isch halts net aus. Mei Kend is mei Lewe.» Wenn er wieder nach Hause kam, nahm er regelmäßig dreißig bis vierzig Pfund zu. «Ich lieb ihn zu sehr.» Er kann nicht ohne die Mama sein. Er schläft nicht ohne sie, sie nicht ohne ihn. Schon um halb sieben abends liegt sie mit ihm im Bett. Der Vater übernachtet im Wohnzimmer.

Was machen sie sonst? «Mir meide de Mensche. Immer geh'n mer spaziere, geh'n ins Feld. Er hängt sich bei me oi.» Seit sieben Jahren hatten sie keinen Besuch gehabt. Der Sohn will keine Freunde. Er geht auf eine Sonderschule. Lesen kann er nicht. Er genießt es, wenn die Mutter Märchen vorträgt, nicht wegen der Geschichten, sondern weil er ihre Stimme hört. Er hat vor fast allem Angst. Nur selten sitzt er vor dem Fernseher. Krimis kann er nicht ertragen. Er redet auch zu Hause praktisch nicht. Sein einziger Wunsch ist, ausschließlich bei der Mutter zu bleiben – so wie auch ihr Leben nur mit ihm einen Sinn hat.

Als die Sprache auf ihre Isolation kam und der Therapeut meinte, daß sie vielleicht mehr Kontakt zu Menschen haben wollten, hatte er sich gründlich getäuscht: «Nee, mer wolle so bleiwe. Lasse Se den Bubb schie bei mir. Dä wed woanners aach net anners. Nee, nee, isch waaß, woruff Se hinauswolle.» Auch ein Therapieangebot wurde natürlich abgeschlagen. «Isch will gar nix bespreche. Des is alloi unser Problem.»

Was gleicht hier einer Sekte? Die ausschließliche Bindung aneinander, die extreme Isolation der beiden. Doch wo ist der Glaube? Er ist noch in purer Form, sozusagen in Urgestalt vorhanden. Inbegriff des Lebens ist für die Mutter das Kind und für das Kind die Mutter. Eindeutig hat die Mutter die äußere Führung. Aber auch sie wäre ohne ihr Kind psychisch ausgelöscht. Beide bewirken füreinander die eigene Existenz, den Sinn des Lebens. Eine Trennung riefe inneres Entsetzen hervor, weil es Sinnlosigkeit bedeutete. Die Mutter hatte stets gefährlich abgenommen, wenn der Junge in die Klinik kam – beim letztenmal 25 Pfund. Sie konnte einfach nichts mehr essen. Ihr Zustand glich dem seelischen Tod. Aus archaischen Verhältnissen ist das psychogene Sterben bekannt, dann zum Beispiel, wenn eine existentielle Beziehung zerschnitten wird. Den Voodoo-Tod stirbt derjenige, der gegen die Gesetze seines Stammes verstoßen hat. Das geschieht ohne äußere Gewalt, nur aus der seelischen Verfassung als Abtrünniger und dadurch Nicht-mehr-Lebensfähiger heraus. Der Stamm ist die Urmutter, der Angehörige das Kind. Ähnliches geschieht in der heutigen Industriegesellschaft beim Pensionierungstod: von der Berufswelt abgenabelt, sterben viele überraschend schnell. Auf eine sehr entstellte Art trägt also selbst ein moderner eintöniger Arbeitsbereich noch Züge jener versorgenden und sinngebenden Urgestalt der Mutter. Das gilt nicht nur für die Universität als «Alma mater». Der Beamte und sein Aufgabenbereich – eine latente Zweiersekte? Wer mit dem Beruf verheiratet ist und auf seinen Verlust mit einer schweren, vielleicht tödlichen Krise reagiert, kann nicht umhin, die nahezu ausschließliche Bindung an eine für ihn existentielle Sinngebung anzuerkennen, wie sie für jede Sekte charakteristisch ist.

Wir sehen an dieser Mutter-Kind-Zweiersekte noch mehr. Der Sohn kann sich nicht entwickeln. Er bleibt abhängig. Er ist im Vergleich zu seinen Altersgenossen erheblich zurückgeblieben. Die Mutter sagt, sie müsse stets bei ihm sein. «Er kan doch kan Brief net schreiwe, wenn isch fo't bin.» Sie rechtfertigt ihre ständige Gegenwart mit seiner Unfähigkeit, die sie selbst (aber auch er) aktiv «herstellt». Eine solche Debilität kann das Ergebnis einer enormen psychischen Anstrengung sein, weil der Neugier und dem spontanen Lernverhalten ununterbrochen entgegengewirkt werden muß. In ähnlicher Abhängigkeit halten viele Sekten ihre Anhänger. Sie werden von den Informationen der Massenmedien abgeschnitten. Bücher, Briefe, Telefonanrufe – soweit überhaupt zugelassen – werden zensiert. Diese systematische Verdummung ist aber kein seelischer Verlust für die Betroffenen. Ehemalige Angehörige der «Kinder Gottes» erklärten, daß sie sich schnell damit abfanden und die Informationen nicht weiter entbehrten. Denn es tritt ja gleichzeitig eine Konzentration auf die sinngebende Beziehung ein. Und auf die Intensität dieser Beziehung kommt es an. Im übrigen stehen wir alle einem solchen Vorgang nicht allzu fern. Er ist bei der heutigen Arbeitsteiligkeit unvermeidbar und bewirkt sozusagen die Sektenhaftigkeit unserer Berufswelt. Die Spezialisierung führt zum Fachidioten, der immer mehr von immer weniger weiß und in dieser Einschränkung desto ausschließlicher zum Anhänger seiner Berufssekte wird. Ein solcher nicht unintelligenter «Idiot» war unser Fettkloß insofern, als er mit höchster Feinheit jede Regung seiner Mutter erspüren konnte.

Diese Betrachtung erschließt vielleicht eine neue Perspektive. Sie könnte zur These führen: Sektenbildung blockiere die Entwicklung der Beteiligten. In unserem Beispiel gilt das klar für den Sohn. Aber es trifft auch für die Mutter zu. Sie ist insofern entwicklungsunfähig, als sie sich starr an diesem und nur an diesem hilflosen Zustand des Sohnes festklammern muß. Sie erlebt seine Entwicklung als eine Bedrohung, weil sie selbst nicht in der Lage ist, sich parallel mitzuentwickeln und etwa seine größere Selbständigkeit in ihre Lebenssituation einzufügen. Wegen ihrer eigenen Ängste, die vermutlich einer lebensgeschichtlich frühen Fixierung an eine ähnliche Beziehungsform entspringen, kann *sie* sich eine größere Eigenständigkeit des Sohnes nicht leisten. Seine Debilität ist auch ihr Symptom.

Wer aber wirft hier den ersten Stein? Die Krise der Mütter, wenn Kinder selbständig werden und das Haus verlassen, ist eine allgemeine Erscheinung. Bis zu einem gewissen Grade trägt also jede Mutter-Kind-Beziehung Züge einer Sekte. In der Regel handelt es sich aber um ein Durchgangsstadium. Auch ergreift sie die Zweierbeziehung nicht total. Sie gilt nur für jenen Bereich, in dem eine Mutter ihr Kind nicht von sich wegerziehen kann. Gerade das aber macht deutlich, daß die Sekte jeder eigenständigen Entwicklung (natürlich außer der Entfaltung der inneren Bindung) entgegensteht. Das ist banal: Eine ausschließliche Bindung an eine umschriebene geschlossene Auffassung ist die Festschreibung eines Zustandes. Die beiden hauptsächlichen Merkmale der Ausschließlichkeit und Geschlossenheit wären bei der geringsten seelischen Veränderung sofort gefährdet. Insofern widersprechen Sekten jeder Entwicklung. Sie sind konservativ, nahezu statisch. Vielleicht erklären sich deswegen so viele von ihnen als das Gegenteil: als Fortschritt für die Menschheit. Jede Veränderung – ob innen oder außen – stellt eine höchste Gefährdung dar. Die sorgsam beachtete Isolation schützt vor äußeren, Befehl und Gehorsam vor inneren Impulsen, die etwas in Bewegung bringen könnten. Das war auch schon im Beispiel unserer Zweiersekte zu spüren. Der Gang zum Psychotherapeuten bedeutete für dieses Sektenpaar die stärkste äußere Bedrohung, zeigte aber auch, daß die alte symbiotische Einheit nicht mehr stabil war – vielleicht durch das einfache Älterwerden des Sohnes. Das läßt auch der erste Satz der Mama vermuten, mit dem sie sich selbst wohl am meisten beruhigte: «Er folgt jetzt besser.» Gehorsam soll hier schon das nicht mehr ganz so blinde Folgen ergänzen. Mit einer solchen Zunahme autoritärer, gewalttätiger Umgangsformen wehren sich Sekten in späteren Phasen gegen den eigenen Zerfall. Sie dienen sozusagen der Fortsetzung der essentiellen Bindung mit anderen Mitteln.

Vielleicht steht die frühe Mutter-Kind-Beziehung als Urbild hinter allen Sektenbildungen. «Mutter, Mutter, Mutter», rief Jim Jones während des Massenselbstmordes seiner Sekte, kurz bevor er sich selbst das Leben nahm. Es war wohl ein Ruf des Abschieds und der Begrüßung zugleich, weil die Sekte sich in ihrer Wirklichkeit ja nicht auslöschte, sondern an einen anderen Ort begab.

Für die folgenden Abschnitte ist die Mutter-Kind-Beziehung das grundlegende Modell. Denn alle Paarbeziehungen haben in ihr ihren seelischen Ursprung. Sie ist die erste Beziehung, die wir alle erlebt haben.

Das Wahnpaar. Folie à deux

Ein Paar will mich zur Nachtzeit sofort in der psychotherapeutischen Ambulanz sprechen. Beide sind etwa 25 Jahre alt, Studenten, schlank, mittelgroß, ruhig. Ich kann mir zunächst nichts Ungewöhnliches vorstellen. Die junge Frau berichtet: «Wir kommen gerade vom Flughafen und haben eine anstrengende Reise hinter uns.» Sie hätten aus Berlin fliehen müssen, weil sich der schon lange bestehende Argwohn des Mannes zur «Realität verdichtet» habe: sie würden verfolgt. Es handele sich überwiegend um Leute in mittelblauen PKW. Der Drahtzieher aber sei eine sehr korpulente Frau, die ihre systematische Überwachung geschickt organisiere. Sie hätten sie flüchtig, aber eindeutig, einige Male zu Gesicht bekommen, obwohl sie sich sehr im Hintergrund halte. Auftraggeber seien offensichtlich die mißgünstigen Eltern des Mannes, die mit allen Mitteln ihrer beider Beziehung bekämpften.

Sie lebten seit etwa vier Jahren in einer kleinen Wohnung eng zusammen und hätten «das Paradies auf Erden» gefunden. Sie verstünden sich so gut, daß Worte kaum nötig seien. Sie bildeten im Grunde «zwei Hälften einer Person». Ihr gemeinsames Leben fülle sie so aus, daß sie kaum noch Kontakt zu anderen aufnähmen. Sie seien «sich selbst genug». Allerdings sei wegen ihrer Isolation ein Unterschlupf in Berlin selbst – aus Mangel an Bekannten – nicht möglich gewesen. Sie hätten sofort alle Habe zusammengepackt und das nächste Flugzeug genommen, als sie nun auch noch des Nachts überwacht wurden. Um ganz sicher zu gehen, seien sie dann in den nächsten Tagen kreuz und quer durch Deutschland geflogen. Damit hätten sie fürs erste ihre Verfolger abgeschüttelt. Jetzt sei ihr Erspartes ausgegeben. Sie seien auch erschöpft und psychisch mitgenommen. Sie wollten einen Rat, was in einer solchen Situation am günstigsten zu tun wäre.

Die kurze Skizze umreißt in diesem Falle keine reale Beschattung, sondern einen Wahn zu zweit. Die Folie à deux wurde 1877 von Lasègne und Falret erstmals beschrieben. Sie enthält alle Merkmale einer Sekte: Grundlegend ist eine Beziehung zwischen einem dominantem und einem abhängigen Partner. Beide teilen dieselben wahnhaften Auffassungen, die ihre Wirklichkeitsstruktur durchgehend prägen. Sie sind ausschließlich an einen ihnen gemeinsamen «Glauben» gebunden, der Außenstehenden in der Regel als schizophrene und meist paranoide Realitätsverkennung erscheint. Solange sie sonst mit dem Alltagsleben zu Rande kommen, erscheinen sie natürlich nicht bei einem Therapeuten. Alle klinischen Beispiele, durch die wir uns in der Regel allein ein Bild dieses Zweierwahns machen können, geben also nicht ganz die übliche ungestörte Wirklichkeit eines solchen geschlossenen Paarsystems wieder. Immerhin wird die Stabilität dieser Zwei-Personen-Sekte erkennbar, wenn Therapeuten gelegentlich von einer über fünfundzwanzigjährigen Geschichte berichten.

Die zitierte Folie à deux hatte das «Paradies auf Erden» gefunden und war «sich selbst genug». Das gilt für die meisten Sekten. Der Mann war der dominante Partner. Die Frau schien als passive, abhängige Anhängerin in den Wahn eingestiegen zu sein. Doch täuscht dieser äußere Verlauf über die Urheberschaft dieser Beziehung. Die vielzitierte therapeutische Empfehlung, das Wahnpaar zu trennen, um damit wenigstens den abhängigen Partner von der Geistesstörung zu befreien, hat sich als Irrtum erwiesen. Auf diese Weise wurde nur *ein* Abhängiger von 140 gesund – vermutlich auch der nur scheinbar (vgl. Lehmann). Das gibt auch sonst zu denken. Ein einfaches Herausreißen aus einer Sekte, Ziel vieler verzweifelter Eltern, ist nur eine äußere Maßnahme, keine grundsätzliche Lösung. Denn eine totale Identifikation mit dem dominanten Partner oder dessen abweichender Realität ist nur auf dem Boden einer hohen eigenen Bereitschaft zu einer solchen Wirklichkeit möglich. Beide sind gestört. Beide bauen also ihr Gebäude gemeinsam auf. Reißt man sie auseinander, so kann der Abhängige vielleicht die paranoide Wahnvorstellungen verlieren, fällt aber in eine oft viel lebensgefährdendere Depression. Denn damit wird – so die Auffassung oder die Realität unseres Paares – eine Person in zwei Hälften geteilt, von denen keine für sich lebensfähig ist. Das genau dürfte auch der Hintergrund des Massenselbstmordes der Volkstempelsekte gewesen sein. Aus den zahllosen Parallelen will ich nur auf den paranoiden Wahn ihres Führers Jim Jones verweisen – der aber eben nicht nur seiner war – und den Auslöser herausstellen: der Auszug einiger Mitglieder, die fortwollten. Damit wird die symbiotische Einheit der Sekte lebensgefährlich verletzt. Ein solches Ereignis kann nur abgefangen werden durch Tötung der Abtrünnigen. Wahrscheinlich ist aber auch dann eine tiefe, vitale Depression nicht aufzuhalten. Die Volkstempler trugen (agierten) ihn im gemeinsamen Freitod aus – für uns paradox, für sie aber zwingend, eine Form seelischer Lebensrettung.

Die Folie à deux, diese Sekte aus zwei Personen, kann übrigens unterschiedlich zusammengesetzt sein. Eine größere Untersuchung von Lehmann ergab: zwei Schwestern (40mal), Mann und Frau (26), Mutter und Kind (24), zwei Brüder (11), Bruder und Schwester (6), Vater und Kind (2). Es gibt auch Erweiterungen: Wahn zu dritt, zu viert, als Familie, bis hin zu einer größeren Gruppe. Damit wären wir bei der üblichen Sektenformation.

Folie à deux als Beispiel einer Zweiersekte zu nehmen ist zwar einleuchtend, aber auch nachteilig. Allzu schnell halten wir eine solche, höchst seltene Beziehung, einen ungewöhnlichen Spezialfall also, für die Hauptform. Das entlastet uns, weil wir uns weit weg wähnen, weil wir uns absetzen und heraushalten können. Die Kollusion in der üblichen Paarbeziehung wird zeigen, daß wir alle betroffen sind.

Unsere tägliche Paarsekte. Die Kollusionen

Beginnen wir mit dem intensiven Wunsch sich liebender Paare: der Treue. Daß sie eine Utopie sein soll, kann den Liebenden nicht einleuchten. Sie sind ja treu, weil sie lieben. So unerschütterlich also die Treue einem solchen Paar erscheinen muß, da sie nur die wesentliche Eigenschaft der Liebesbeziehung, das Aneinandergebundensein, die ausschließliche Bindung, benennt, so einfach ist der Beweis ihrer Utopie: sie müßte nicht versprochen werden, existierte als Wort nicht, wäre sie nicht utopisch. Sie ist gegen den Verlust der Liebe, gegen die Untreue gesetzt, gegen alle Impulse und Neigungen also, welche die Bindung gefährden. Wie absolut wir die Liebesbeziehung erfahren können, werden wir auch an unseren Reaktionen bei Abtrünnigkeit des Geliebten gewahr: wir antworten mit tiefer Depression, vielleicht sogar mit Selbstmord, mit Kränkung, Eifersucht, Rachegefühlen, ja wir vergelten die Abwendung am liebsten mit Mord. Wir fühlen uns seelisch umgebracht, weil die Liebesbeziehung unserer Existenz gleichkam. Deswegen war ein Mord an der untreuen Frau in Sizilien bis vor kurzem noch straffrei und ist auch bei uns mildernder Umstände gewiß. Dagegen kennt unsere Empörung kaum Grenzen, wenn eine solche Tötung bei anderen Sekten aus den gleichen Gründen geschieht. Das Treuegelöbnis und die Treueforderung schützen genau jene ausschließliche Bindung, die für jede Sekte kennzeichnend ist. Sie schränkt die Freiheit schon ein, entspricht der Angst vor dem Liebesverlust und rechnet mit Aggressionen, die zur Abwendung führen können. Treue ist der Anfang von Befehl und Gehorsam. Wenn der Zerfall der Bindung fortgeschritten ist, die Ängste zu Panik und Haß werden, prügelt nicht nur die Volkstempelsekte Unfolgsame bei kleinsten Vergehen mit Brettern «zurecht», dann kann die Grausamkeit auch in der Ehe unberechenbar werden. Sind die Frauenhäuser nicht Auffanglager für fast zerstörte Mitglieder aus Ehesekten? Wie eigenartig klingt in diesem Zusammenhang bei einer Trauung die offizielle Formulierung des Standesbeamten, der von «Treue bis zum letzten» spricht. Mit diesem Ungeheuer an Absolutheit, mit diesem Markenzeichen jeder Sekte, werden in Amtszimmern täglich Ehen geschlossen. So weit geht aber die Treue nur, weil die Liebe absolut ist.

Nun scheint der Alltag mäßiger zu sein. In seinem Trott sind leidenschaftliche Liebe und Haß nicht die Regel. Deutlich zu erleben ist die Intensität einer Bindung aber in besonderen Zeiten: bei ihrer Entstehung, bei ihrem Zerfall oder in Krisen. Paare in Konfliktsituationen kommen mehr und mehr in die psychoanalytische Praxis. In einer eingehenden und langfristigen Therapie der Beziehung sind die Parallelen zur Sektenformation nicht mehr zu übersehen. Besonders deutlich wird das in der Paargruppentherapie, in der ich seit Jahren arbeite. Beginnen zum Beispiel vier Paare gemeinsam eine Gruppentherapie, dann gewinnt der Behandlungsprozeß schnell eine sonst ungewohnte Brisanz durch den Zusammenprall der vier meist unterschiedlichen Paarsysteme. Jedes Paar hat seine besondere Realitätsauffassung, seine kennzeichnende Wirklichkeitsstruktur. Dem einzelnen Paar ist sie so selbstverständlich wie Licht und Schatten. In der dichten und ausführlichen Gruppenarbeit, die sich zum Ziel gesetzt hat, die wesentlichen Dinge zu bearbeiten, entdecken die Paare nun aber zu ihrer Verblüffung, wie wenig selbstverständlich ihre Selbstverständlichkeiten sein können. Indem sie die anderen Paare kennenlernen, sind sie gezwungen, ihre eigenen Lebensauffassungen zu relativieren. Das macht die Brisanz aus. Die Bestürzung wird in der Regel durch Abwehrmaßnahmen dosiert und mündet in einen langwierigen Prozeß der Umstrukturierung.

Den besten Zugang zu den fast geschlossenen Wirklichkeiten, zur alltäglichen Sektenhaftigkeit unserer Paar- und Ehebeziehungen bietet Henry Dicks' Konzept der *Kollusion*, das durch die beiden grundlegenden Bücher Jürg

Willis auch im deutschen Sprachraum bekannt geworden ist. Kollusion heißt Zusammenspiel unbewußter Vorgänge und Konflikte zweier Partner, die über längere Zeit eng zusammenleben. Kurz gesagt: aus zwei individuellen Unbewußten bildet sich ein einziges Unbewußtes, das den beiden Beteiligten unterschiedliche Rollen zuweist. Damit sind Menschen auch psychisch ein Paar geworden, zwei Hälften einer Kugel, wie Plato im «Gastmahl» die Liebe beschreibt. Sie sind sehr tiefgehend, wenn nicht existentiell aufeinander angewiesen. Ihre absolute Bindung ergibt sich aus der unbewußten Verflochtenheit.

Bemerkenswerterweise bildet sich äußerlich betrachtet ebenso wie in Sekten eine sehr ungleichgewichtige Rollenverteilung zwischen einem Führer und einem Abhängigen aus. Wir sahen das schon bei der Folie à deux. Jürg Willi beschreibt eingehend die sogenannte pseudoprogressive Rolle, gekennzeichnet durch scheinbare Unabhängigkeit, Aktivität, Entscheidungsfähigkeit und seelische Gesundheit, im Kontrast zur regressiven Rolle, die hilflos, abhängig, passiv, vom anderen gesteuert und sehr beeinflußbar bleibt. In unserer Gesellschaft übernimmt der Mann eher die scheinbar unabhängige, die Frau die scheinbar abhängige Position. Wesentlich ist aber, daß die äußere Erscheinungsform der Rollen trügt: denn beide Partner stellen gleichermaßen aktiv ihre Beziehung her. Sie sind psychodynamisch gesehen völlig gleichberechtigt, und sie sind gleichstark angewiesen aufeinander.

Damit haben wir nun schon die wesentlichen Merkmale einer Sekte zusammen: die absolute Bindung, die ungleichgewichtige Rollenverteilung, den Ausbau einer gemeinsamen Wirklichkeit. Wir könnten es uns ersparen, die Realitätsauffassungen inhaltlich zu erörtern. Wir wissen ja nun, daß die Intensität, nicht der Inhalt des Glaubens die Sektenhaftigkeit ausmacht.

Doch hängen in diesem Falle beide Aspekte auf eine hochinteressante Weise zusammen. Die Kollusion hat nämlich einen Sinn. Sie dient beiden Partnern, psychoanalytisch gesehen, als eine gemeinsame Abwehrformation gegen einen unbewußten Konflikt. Dieser Konflikt bestimmt die Wirklichkeitsstruktur, die Auffassung des Paares von der Realität. Die Angst, die er mobilisiert, entscheidet über die Fixierung an diese Wirklichkeit, das heißt über die Intensität des Glaubens. Psychoanalytisch gesehen handelt es sich um Fixierungen an verdrängte, vorangegangene, kindliche Lebensphasen, die unser erwachsenes Bewußtsein, Erleben und Verhalten prägen. Man kann unterschiedliche Schwerpunkte setzen. Jürg Willi hat auf Grund seiner Erfahrungen die klassische triebpsychologische Entwicklung für eine Differenzierung der Kollusion in vier Wirklichkeiten herangezogen. Ich will nur kurz skizzieren, wie unterschiedlich die «Liebe» in diesen Bezugssystemen verstanden und erlebt werden kann:

In der narzißtischen Kollusion gilt Liebe als «völliges Einssein». Sie entspricht der frühesten Entwicklungsstufe. In der oralen Kollusion beruht die Wirklichkeit auf dem psychosozialen Modus von Pflegen und Gepflegtwerden, von Füttern und Gefüttertwerden. Liebe heißt also «Einanderumsorgen». An eine Entwicklungsphase später ist die anal-sadistische Kollusion fixiert. Ihre Realität folgt zum Beispiel dem Modus von Besitzen und Besessenwerden, von Macht und Ohnmacht. Partner dieser Wirklichkeit erleben Liebe als «Einander-ganz-Gehören» oder als «Kampf der Geschlechter», der den Besitz des anderen zum Ziel hat. Schließlich ist in der ödipalen Kollusion die Welt um die phallische Potenz zentriert. Liebe dient beiden Partnern zur Bestätigung der männlichen Rolle. Der Mann empfindet sich potent, weil die Frau ihn bestätigt;

die Frau kann ihn bestätigen, weil er durch sie potent wird. So formuliert Jürg Willi die wechselseitige Beziehung.

Alle Kollusionen sind als Fixierung an eine bestimmte phasenspezifische Auffassung der Realität eine Abwehr von Ängsten. Im letzten Fall wird das besonders deutlich. Die männliche Bestätigung dient dem Mann zur Überwindung seiner Potenzängste wie der Partnerin zur Bewältigung ihrer Befürchtungen, als Frau minderwertig zu sein.

Natürlich bezieht sich die Art und Weise der kollusiven Deutung nicht nur auf die Liebe, sondern auf das gesamte Lebensgeschehen. Partnern der oralen Kollusion wird Pflegen und Umsorgen, Helfer- oder Schützling-Sein ebenso zur allgemeinen Füreinander-Miteinander-Maxime der ganzen Existenz wie anal-sadistischen Partnern der Kampf aller gegen alle zum Grundprinzip, das über die ihnen wichtigen Dinge – Besitz, Recht und Ordnung – waltet. Als es in der Evolutionsgeschichte darum ging, ob Konkurrenz oder Kooperation die Entstehungsgeschichte der Arten bestimme, hatten sich übrigens ähnlich kontroverse Weltbildlager ergeben (vgl. Wickle/Seibt).

Es ist nun aber für die Sektenhaftigkeit gleichgültig, ob man dieser oder jener Auffassung anhängt. Auch Kollusionen sind keine geschlossenen Schubladen, in die wir zu stecken sind. Mischformen sind häufiger. Selbst dann aber ändert sich an der maßgeblichen absoluten Bindung nichts. Auch eine Theorie, die zu anderen, zum Beispiel nichttriebpsychologischen Kriterien für Kollusionen führte, brächte keine entscheidende Wende.

In der Perspektive der genannten Beispiele können wir allerdings einen gemeinsamen Nenner von Intensität und Inhalt des Glaubens erkennen: eine dahinterliegende Angst. Man kann sie als Kern der Sektenbildung ansehen. Da Angst eine Reaktion auf eine Gefahr ist, wären die

Gefahren allerdings ein ebenbürtiges Konstruktionsmoment: die Gefahr, die Zuwendung zu verlieren, in der oralen; die Gefahr, überwältigt zu werden, in der analen; die Gefahr, kastriert zu werden, in der phallisch-ödipalen Wirklichkeit. Ebensogut aber kann ein grundlegendes Gefühl der Sicherheit als bestimmend gelten. Wir bewegen uns seelisch stets in Zonen, die uns ein gewisses Maß an Geborgenheit und Angstfreiheit gewähren. Genauer gesagt: wir entwerfen unsere Realität so, daß wir uns auch beheimatet fühlen können. Dann entspräche also jede unserer Realitätsauffassungen einer Form der Geborgenheit.

Unvermeidliche Zwischenfrage nach der Realität der Realitäten

Nun allerdings geraten wir durch das Nebeneinander der Realitäten in eine aufschlußreiche Klemme. Welche Wirklichkeit wird an welcher gemessen? Deutlicher wird das in der üblichen Projektion auf fremde Sekten: welche Sekte, Mo oder Mun, ist der Maßstab für die andere? Üblicherweise machen wir es uns leicht, indem wir unsere Realität als die einzig realistische, als allgemeingültig ansehen. Wenn wir nun aber ebenfalls als Sekte gelten müssen?

Auch bei den bipersonalen Sekten der Kollusionen kann ich mir als Psychoanalytiker schnell helfen, indem ich sie als eine Form seelischer Störung, als infantile, regressive oder gar atavistische Strukturen diagnostiziere. In diesem Falle aber setze ich eine andere Realität als Maßstab, eine Realität, die ich als erwachsen, als reif oder in besonderen Momenten als ideal ansehe. Da ist nun die Klemme: die Realität als ideale Fiktion, die durchschnittlich unerreichbar ist? Was ist sie denn nun, Realität oder nicht? Wie bin ich in diese Klemme geraten? Dadurch daß ich der sogenannten Persönlichkeitsstruktur eine Wirklichkeitsstruktur beigegeben sah, das heißt, eine Trennung zwischen innen und außen als nicht mehr zwingend empfand. Dadurch also, daß ich vielmehr von zwei Aspekten einer durchgehenden Grundstruktur ausging.

Da ich davon nicht abrücken kann, bleibt nun die interessante Frage nach einem Maßstab, einem Bezugssystem für die unterschiedlichen Wirklichkeiten, kurz die Frage nach der Realität der Realitäten. Wenn es mir nicht überzeugend gelingt, eine Auffassung als allgemeingültig nachzuweisen, läuft das auf die Notwendigkeit einer psychosozialen Relativitätstheorie hinaus.

Da ich aber den Maßstab für seelisches Gestörtsein, das, neutral gesagt, Ausdruck für eine andersartige Wirklichkeit ist, in der nichtrealisierten Idealform einer Realitätsauffassung suchen muß, ist mein Glaube, ein verläßliches Bezugssystem zu finden, nicht mehr fest. Wenn ich dann die historische Entwicklung unserer heutigen sozialen Realität und Persönlichkeitsstrukturen betrachte, wie Norbert Elias sie zum Beispiel dargestellt hat, bin ich erst recht im Zweifel. Eine der für mich wesentlichsten Erkenntnisse aus seinem Werk «Prozeß der Zivilisation» lautet: Wie sich heute noch Kinder verhalten können, benahmen sich früher auch die Erwachsenen. Wesentliche Merkmale unserer heutigen Kindheit sind also historisch gesehen Kennzeichen einer ehemaligen Erwachsenenwelt. Die infantile Wirklichkeit kann einem da nicht mehr so ohne weiteres «unreif» erscheinen, es sei denn, wir haben den Dünkel des Fortschritts und halten moderne Erwachsene für reifer als zum Beispiel Erwachsene des europäischen Mittelalters. Was hieße hier aber historisch gesehen «reif»? Norbert Elias hat das zu präzisieren versucht: in einer Kurzformel gesagt, führte die immer dichtere Verflechtung und Arbeitsteiligkeit zu einem immer stärkeren «Zwang zum Selbstzwang». Das hatte wesentliche Folgen: eine zunehmende Aufteilung in Innen und Außen, eine deutliche seelische Strukturbildung in Es, Ich und Über-Ich, das Auftauchen isolierter Paarbeziehungen usw. Darüber hinaus hat sich natürlich unter dem formierenden Druck sozialstruktureller Verhältnisse auch das entwickelt, was wir heute menschliche Reife nennen und zum scheinbar allgemeingültigen Maßstab für den Realitätsentwurf nehmen: etwa die rationale Selbstkontrolle und die psychologische Einfühlung. Soweit diese Eigenschaften als Begriffe im Mittelalter überhaupt auftauchten, galten sie wenig, weil die Menschen damals psychisch aufeinander bei weitem nicht so angewiesen waren wie wir heute.

In dieser Perspektive kann ich also ebenfalls meine Realität nur als eine unter vielen anderen ansehen. Ich könnte den bequemen Weg wählen und sie deshalb als Maßstab nehmen, weil sie den Verhältnissen am ehesten entspricht. Ist aber eine Anpassung, die nicht einmal heute als Zeichen der Reife gilt, richtiger, weil sie perfekter ist? Im übrigen: woran passe ich mich an? Doch auch wieder an eine gemachte Realität.

Mir ist wohler, meine Realität als einen Entwurf unter vielen möglichen zu verstehen. Daß sie für mich zum Zentrum wird, ist unvermeidlich. Ich kann wie jeder andere nur aus meiner Position heraus urteilen. Wenn ich aber anerkenne, daß andere ihre Realität mit gleicher Berechtigung anders entwerfen und ebenso gezwungen sind, von diesem ihrem Zentrum her zu urteilen, dann gerate ich tatsächlich in eine psychosoziale Relativitätstheorie. Sie ist hier nicht auszuführen. Grundsätzlich aber besagt sie, daß wir über andere keine seelischen Tatbestände festhalten können, sondern daß unser Urteil die Beziehung unserer Realität zu ihrer Realität wiedergibt und somit unablösbar Stand und Richtung unserer eigenen Entwicklung enthält. Mit diesen Überlegungen nähere ich mich Ronald Laings Auffassung, daß Psychotherapie letztlich eine Frage der Menschenrechte sei. Laing lebt zum Beispiel mit Schizophrenen zusammen, die keine Behandlung mehr wünschen. Soweit sie sich selbst und andere nicht gefährden, ist tatsächlich zu erwägen, ob ihre Realität nicht ein ebenso großes Recht hat, erhalten zu bleiben, wie die unsere. In der Regel gestalten wir sie durch medikamentöse oder psychodynamische Therapie um. Dem seelisch Kranken, so formulierte der angesehene Psychoanalytiker Joseph Sandler, bieten wir für das Verständnis seiner Störungen ein besseres Bezugssystem, also einen anderen Realitätsentwurf. Aber können wir entscheiden, was wirklich besser und richtiger ist? Wenn die neue Realität einen unerwünschten Leidensdruck verringert, wird sie selbstverständlich übernommen werden. Nichts anderes allerdings geschieht demjenigen, der sich einer Sekte zuwendet. Nichts anderes machen wir, wenn wir uns in der unbewußt determinierten Partnerwahl die ergänzende Hilfe suchen und mit ihr eine neue Realität in Form einer wie auch immer gearteten Kollusion bilden.

Indem wir uns – allgemein gesagt – die Realität entwerfen, sind wir überhaupt erst existent. Wir bewahren uns damit vor der tiefsten aller Ängste, die der Psychoanalytiker Ernest Jones mit «Aphanisis», Auslöschung, bezeichnete. Sie entspräche in heutigen Begriffen am ehesten der Angst vor dem Zerfall des Selbst und der eigenen Wirklichkeit (vgl. Kohut). Sie ist die Grundangst der narzißtisch gestörten Menschen, zu denen wir wahrscheinlich bereits alle gehören. Vielleicht genießt deshalb das Kompaktangebot zahlloser Sekten an schlichter, wenn nicht dümmlicher Realität soviel Zulauf. Für die Überläufer ist unsere differenziertere, gescheitere Realität aber offensichtlich auch kein besseres Angebot zur Bewältigung der Zerfallsangst.

Die Angst vor Desintegration oder vor vitaler, existentieller Desorientierung könnte durchaus am Anfang der Entwicklungslinien anderer Ängste stehen. So hätten wir zunächst eine einfache Formel: Wir sind absolut an unseren Realitätsentwurf gebunden – gleichgültig wie er nun im einzelnen ausgestaltet ist –, weil wir uns mit ihm vor dieser Angst, ausgelöscht, nicht existent zu sein, bewahren. Wer die Bedeutung dieser Angst schwer erfassen kann, sei an ihre durchschlagende Kraft bei jeder Gehirnwäsche erinnert. Nur sie zwingt jeden, an Stelle der ausgelöschten alten Realität die neue Realität zu übernehmen. Wir müssen um unserer Existenz willen an unserer Realität festhalten. Auf unsere Person bezogen, macht sie unsere Identität aus. Auf diese Weise sind wir selbstverständlich Angehörige unserer eigenen Sekte.

Nun müssen wir uns wenigstens noch eine Frage stellen, die merkwürdig klingt, aber doch nach dem Ziel des Ganzen fragt. Realität, um eine Angst zu meiden – ist das nicht ein befremdlicher Sinn? Ist das nicht vielleicht sogar ein Zirkelschluß: Realität entwerfen, damit wir nicht ohne sie sind – Realität um der Realität willen? Was enthalten denn Realitätsentwürfe, wenn sie einmal da sind und die basale seelische Existenzangst ausgestanden ist? Wer darauf so ohne weiteres antworten könnte, erschiene heute noch als vermessen. Die moderne Philosophie soll binnen kurzem soweit sein, letzte Werte des Menschen empirisch beweisen zu können (vgl. Patzig). Die Deontik, die Wissenschaft dessen, was der Mensch wirklich zu tun hat, blüht. Dann hätten wir einen allgemeingültigen Realitätsentwurf, an dem alle real existierenden Realitäten zu messen wären. Dann könnten Psychotherapeuten und ihre Patienten aufatmen und wären von dem befreit, was ich hier bis auf Andeutungen zu erörtern vermieden habe: eine sozialpolitisch wichtige Zweiersekte zu sein. Doch müssen wir auf die schlüssige Realität der Philosophen noch warten.

Wenn wir aber wissen wollen, was unsere Realität im Innersten zusammenhält, dann gibt vielleicht ein besonderer Zustand Aufschluß, in dem alle unsere Zweifel zum Erstaunen von Beobachtern wie weggefegt sind und wir uns, ohne weiter zu überlegen, mit höchstem Sinn erfüllt sehen. Ich meine die Verliebtheit.

Verliebtheit – eine natürliche Sektenbildung zu zweit

In fast jeder Nuance gleicht die Verliebtheit der Sektenbildung. Das klassische Liebespaar bietet das Bild einer Zweiersekte in ungetrübter Hochform. Ausschließlich ist die Bindung: einer will den anderen ganz für sich, mit Leib und Seele, Haut und Haaren. Selbst in der Umkehr, in der eigenen Negation, bleibt sie total: die wahre Liebe, sagen manche, schließt das Opfer ein, auf den anderen zu verzichten. Aber auch das geschieht in ungeschmälerter absoluter Bindung an den anderen: ein Verzicht zwar auf den anderen, aber für ihn. Die ausschließliche hörige Beziehung gleicht der des Anhängers zum Führer einer Sekte. Sie entspricht dem Zustand höchster Orientierung am anderen bei gleichzeitiger Selbstaufgabe. Jeder Verliebte fühlt sich ganz abhängig von seinem Partner, ohne Zwang, ganz aus sich selbst heraus. Falls wir zwischen Verliebten eine gleichgestellte Beziehung angenommen haben sollten, entdecken wir jetzt unsere Täuschung. Denn sobald ein Paar die Leidenschaft wirklich erfaßt hat, ist jeder auf ganz fundamentale Art dem anderen ausgeliefert. Jeder befindet sich in einer äußerst ungleichgewichtigen Beziehung. Nicht symmetrisch, sondern zweifach asymmetrisch ist das Verhältnis: eine wechselseitige Abhängigkeit, wie sie auch für Herrn und Hörigen in Sekten gilt.

Noch einmal können wir den erwähnten Zusammenhang zwischen ausschließlicher Beziehung und Isolation beobachten: Verliebte bleiben für sich. Sie bevorzugen stille, einsame Orte. Die Isoliertheit entspricht ihrer Verfassung, ganz aufeinander bezogen zu sein. Im übrigen stabilisiert sie natürlich die Bindung.

Jeder weiß, daß sich im Verliebtsein die Welt grundlegend wandelt. Sie wird nicht nur siebter Himmel genannt; sie ist subjektiv tatsächlich so. Die Realität ist verändert, weil sie von den Verliebten anders gedeutet wird. Sie leben in einer anderen Wirklichkeitsstruktur. Beide teilen sie. Will man jetzt überhaupt einen gelehrten Hinweis, dann kann man an Jakob von Uexkülls ethologische Ausführungen über die Stimmung der Tiere erinnern, die jeweils auf sinnvolle Art die Wahrnehmung der Umwelt, das heißt die Organisation der Realität, «bestimmt». Kennzeichen der Verliebtheit ist das Gefühl der Seligkeit. Genau das – vergessen wir es nicht über den Berichten von Unterdrückung, Zwang und brutalen Strafen in bizarren Kulten – empfinden die überzeugten Angehörigen einer Sekte. «Ich glaube an dich», sagen Verliebte einander. Sie selbst sind sich der erfüllte Sinn. Dementsprechend ruft eine Trennung absolute Sinnlosigkeit hervor, die oft genug in Selbstmord endet.

Damit haben wir alles, was auch eine Sekte bietet: die absolute Bindung, den Glauben und die eigene Wirklichkeit, die Isoliertheit, ein unverstelltes Gefühl höchster Sinnerfüllung. Darüber hinaus haben wir es diesmal auch leicht, nicht ein negatives Moment, eine Angst, im Hintergrund dieser Zweiersekte zu sehen, sondern ein positives Moment, das Verlangen nach Vereinigung. Nicht mehr und nicht weniger wollen Verliebte, wenn alles mit rechten Dingen zugeht, als zusammenzubleiben – und das mit ganz unzweideutigen sexuellen Wünschen. Das altmodische Wort «sich paaren» trifft beides genau. Damit erfüllen sie offensichtlich den Sinn, um den es geht: daß sie –

mit dem Gefühl, füreinander die Richtigen zu sein – sich zusammentun und in Nachkommen fortsetzen. So profan, so platt es klingen mag, jede andere Deutung des Geschehens scheint mir umständlicher und geht am Ergebnis des Ganzen vorbei.

Sigmund Freud hat die Verliebtheit nicht nur mit der Hypnose, sondern auch mit dem Vorgang der Massenformation verglichen, die auf Grund der ausschließlichen Bindung des Individuums an den Führer eher einer Sektenentstehung denn einer Gruppenbildung entspricht. In jedem Falle tritt der Partner, Hypnotiseur oder Führer an die Stelle des Ichideals, das sich in der Lebensgeschichte aus den frühen idealisierten Elternfiguren entwickelt hat. Die große Abhängigkeit, die ausschließliche Bindung, ergibt sich also auch aus der eigenen Vergangenheit, als Kinder noch von ihren Eltern völlig geführt wurden. So gleicht die hochgradige Idealisierung des geliebten Partners der kritiklosen Überschätzung des Führers durch Sektenmitglieder ebenso wie der totalen Überantwortung der Steuerung an den Hypnotiseur. Unterschiede bestehen allerdings im Ausmaß der sexuellen Hemmung. Sie ist bei der Hypnose am stärksten, bei der Verliebtheit am geringsten, aber auch dort im Vergleich zur direkten Sexualität nicht unerheblich. Nach Freuds Auffassung führt die teilweise gehemmte Sexualität als verliebte Zärtlichkeit zum dauerhaften Aufbau einer Bindung. Es ist nicht schwer, sich vorzustellen, daß die den Menschen vor allen Tieren auszeichnende Hypersexualität und deren Varianten jene langfristige Bindung noch am besten garantiert, die der ausgedehnten kindlichen Lernphase des Menschen die günstigsten Bedingungen schafft. So macht denn auch die Wiederholung der Eltern-Kind-Abhängigkeit in der Verliebtheit, diese süße regressive Beziehung, einen Sinn, weil sie die Intensität und Haltbarkeit der kindlichen Bindung an die Eltern auf die Beziehung zwischen nunmehr erwachsenen Menschen überträgt – letztlich wieder zugunsten der Eltern-Kind-Beziehung. Wenn Verliebtheit die Startenergie für eine längere und tiefere Bindung liefert, ist das kaum anders denkbar.

Sektenzugehörigkeit und Verliebtsein sind in vielen Aspekten vergleichbar. Ich möchte einige herausgreifen:

1. *Beeinflußbarkeit*: Voraussetzung ist die innere Bereitschaft, die Empfänglichkeit, eine Art Suggestibilität oder, wie ich es gern nennen möchte, die Aufgeschlossenheit. Untersuchungen bei heutigen Sekten in den Vereinigten Staaten ließen erkennen, daß diese innere Bereitschaft aus chronischen seelischen Problemen oder situativen depressiven Phasen resultiert. Ihr liegt also eine besondere Erwartung nach einer subjektiv erlebten oder objektiven Enttäuschung zugrunde. Auch die Verliebtheit kommt selten wie der Blitz. Viele Menschen wissen schon im vorhinein, daß sie sich demnächst verlieben werden. Sie spüren eine ähnliche Bereitschaft, eine Aura. Auch sie erwarten etwas Neues.

2. *Idealisierung*: Der ersten Begegnung mit der Sekte oder dem Partner, die zündet, folgt eine ununterbrochene Reihe schönster, angenehmster Anerkennung. Der Geliebte wird mit Idealisierungen überschüttet, die er wohl nur deswegen nicht als peinlich empfindet, weil er in demselben rauschartigen Zustand ist. «Love bombing» heißt es im Sektenjargon.

3. *Isolation*: Schon jetzt beginnt in Denken und Fühlen wie im äußeren Leben ein Prozeß der radikalen Abwendung von der früheren Existenz und von alten Beziehungen. Familie und Freunde spüren diese Abschnürung in der Regel so deutlich, daß darauf meist ihr Verdacht einer noch geheimgehaltenen Verliebtheit gründet. Sinnen und Trachten ist ausschließlich auf den Partner gerichtet. Der

Rest der Welt ist kaum noch von Interesse. Genau dasselbe geschieht in Sekten, hier zusätzlich noch in Gebetsform ritualisiert. Aber was sind Gespräche der Verliebten, die sich in profaner Verzückung anhimmeln, anderes?

4. *Trance*: Eigenartig ist der Bewußtseinszustand. Er gleicht einer Trance – bei Sektenmitgliedern wie bei Verliebten. Ihre stärkste Ausprägung ist in der Hypnose zu finden. Sie entspricht einer radikalen Bewußtseinseinengung auf ein einziges Objekt (Partner oder Sektenglauben) und einer weitgehenden Steuerung von außen.

5. *Disziplinierung*: «Vergiß mich nicht, denk an mich» – so lauten Sehnsucht und Forderung der Verliebten. Der Wunsch des anderen wird zum Befehl. Der Verliebte kann sich ebenso bis zur physischen und psychischen Erschöpfung für den anderen verzehren wie das Mitglied für die Sekte. Diese Form innerer Disziplinierung gibt es also nicht nur im Sektenverband.

6. *Indoktrination*: Endlos führen die Verliebten Gespräche über ihre ganze Existenz. Alles, was wesentlich ist, wollen sie hören: jede Ansicht, jede Empfindung, jede Meinung, jedes wichtige Ereignis im Leben. In Sekten entspricht das der Infusion der Kultdoktrin.

7. *Ritualisierung*: Der Tagesablauf und das ganze Verhalten der Sektenmitglieder ist ritualisiert, ebenso auch das Leben der Verliebten: sie haben ihre ganz eigenen Redewendungen, ihre Gesten, ihre Melodien. Das Ritual dient wohl weniger im zwanghaften Sinne dem Abfangen von Ambivalenzen oder aggressiven Impulsen, vielmehr entspricht es einer Rhythmisierung des neuen Daseins und damit der Festigung einer noch unklaren, wirren Realität.

8. *Plötzlicher Persönlichkeitswechsel*: «Du bist ja völlig verändert», sagen Freunde einem Verliebten. Jeder wäre es in seiner Lage. Vergleichbar der religiösen Konversion des Sektenmitgliedes, gewinnt der Verliebte eine neue Auf-

fassung seiner Realität, die eine Mischung der beiden ursprünglichen individuellen Wirklichkeiten darstellt. «*Snapping*» – einrasten, ins Schloß fallen – nennen es die Amerikaner.

9. *Selbstaufgabe*: Das Leben des Verliebten ist nicht mehr eins. Er hat nicht nur seine Grenzen aufgegeben. Er gehört dem anderen wie der ihm. Der andere ist sein Selbst, genau gesagt sein ideales Selbst. So ausgeliefert ist auch der Sektenangehörige seinem Führer.

10. *Automatie*: Nahezu automatisch, fast wörtlich und meist deutlich für Freunde zu identifizieren, wiederholen Verliebte Auffassungen ihres Partners, die auch für sie zu Überzeugungen wurden. Ähnlich geben Sektenmitglieder Glaubenssätze wieder. Extrem ausgeprägt findet sich eine solche Automatie bei hypnotischen Aufträgen.

11. *Kindliche Regression*: Jedem erscheinen Verliebte wie fröhliche, unbeschwerte Kinder. Sie werden allerdings auch nicht immer ganz für voll genommen. Das selige Gepräge der Sektenkinder ist ebenso das Ergebnis der Regression, die zur Abgabe von Entscheidungen, Verantwortung und organisierenden Funktionen an den Herrn führte. Selbst die Sprache der Verliebten kann kindlicher werden – und erstaunlich erscheint einem manchmal die Unbefangenheit der Verliebten, sich voreinander kindlich zu geben.

12. *Außensteuerung*: Wie Kult und Führer der Sekte alle Lebensregeln liefern, lassen sich auch Verliebte durch ihren Partner steuern. Er kann im Extrem mit einem machen, was er will. «Werdet wie die Kinder», fordert die Kirche auch zur Festigung ihres Führungsanspruchs und nicht nur um des arglosen Vertrauens unter Menschen willen.

13. *Neue Innensteuerung*: Was einmal erlaubt oder nicht erlaubt war, hat in der Beziehung der Verliebten

seine Gültigkeit verloren. Insbesondere bei Jugendlichen scheint kaum ein Lebensereignis stärker zur Veränderung der Werte und Normen zu führen als eine Phase intensiver Verliebtheit. Entscheidend ist, daß während der Verliebtheit stärkste verinnerlichte Verhaltensnormen sich auflösen können und Verliebte oft rückblickend staunen, zu welcher Radikalität im Verhalten sie in der Lage waren.

14. *Aufgehen im anderen, totale Identität*: Die Selbstaufgabe der Partner in Sekten wie in der Verliebtheit führt bekanntlich nicht zu einem chaotischen Verlust der Identität. Vielmehr geht einer im anderen auf. Beide bilden eine neue, gleichsam höhere Einheit.

15. *Sinnerfüllung*: Die Verliebten fragen nicht mehr nach dem Sinn des Lebens. Ihr Wunsch, Teil von etwas Sinnvollem zu sein, ist in der neuen Gemeinsamkeit erfüllt. Ebenso empfinden Sektenmitglieder.

In der Verliebtheit, meinte Sigmund Freud 1921, ist die direkte Sexualität in einem gewissen Maße gehemmt. Da sich der «Zwang zum Selbstzwang» (Elias), die Hemmung der Triebimpulse, erst in den letzten Jahrhunderten zur Selbstunterdrückung verschärfte, wäre eine Geschichte der Verliebtheit überaus aufschlußreich. Sie begänne dort, wo äußere Notwendigkeiten den sexuellen Wünschen keine direkte Befriedigung erlaubten. Wir sind heute gewohnt, im ödipalen Konflikt und im Über-Ich schon frühzeitig energische Hindernisse einer großzügigen sexuellen Realisierung zu sehen. Aber auch diese beiden Barrieren sind historisch geprägt. Wer die Berichte von Norbert Elias aus dem mittelalterlichen Alltag liest, wird gewahr, daß wir heute nicht einmal zu träumen wagen, was damals wie selbstverständlich ausgelebt wurde. Vermutlich liegt es an der ungeheuren Stabilität der Selbstkontrolle, die uns in Fleisch und Blut übergegangen ist, daß wir bei «oben ohne» die Beherrschung kaum verlieren und selbst

FKK-Strände eine friedliche Existenz ohne wilde Szenen erlauben. Das sind Merkmale unseres neuen Sektenparadieses. Wahrscheinlich ist es deswegen heute auch möglich, sich in die sexuellen Phantasien der Männer und Frauen zu vertiefen, den einzigen Bereich, in dem wir noch hoffen können, einigermaßen unverstellt zu erkennen, was Mann und Frau miteinander machen wollen.

Die sexuelle Hörigkeit – der Sektenursprung?

Die sexuellen Phantasien der Frauen und der Männer scheinen sich in ihrer tiefsten Schicht zu ergänzen. Es sieht so aus, als ob sich in ihnen Eigenschaften einer archaischen sexuellen Beziehung abbildeten, die man als sexuelle Hörigkeit bezeichnen kann.

Es gibt natürlich kaum ein Gebiet, das so schnell Widerstände mobilisiert und zu Verzerrungen führt wie Ausführungen über unser sexuelles Erleben. Es geht hier nicht um kühle, abstrakte Statistiken des menschlichen Sexualverhaltens, die auch heute noch von vielen als «heiß» empfunden werden, sondern um das, was wir im Innersten fühlen, was wir uns vorstellen, wenn wir wirklich sexuell sind. Schon hier aber können erste Zweifel aufkommen. Was soll «wirklich sexuell» heißen? Ich glaube, daß sexuelle Empfindungen und Vorstellungen außerordentlich stark geformt sind durch unsere soziokulturelle Geschichte und Situation. Sexualität ist aber auch so tief im körperlichen Bereich verankert, daß ich die These wage, es gebe zu dem somatisch begründeten und sozial organisierten Trieb doch ein *Grundmuster* an Empfindungen und Vorstellungen, das durch unterschiedliche soziale Situationen und durch die Fülle möglicher Partnerschaften mehr oder weniger stark variiert werde. Wenig Zweifel habe ich, daß unsere basalen sexuellen Gefühle und Vorstellungen die Urform einer Beziehung erkennen lassen. Kaum zu entscheiden ist es, ob es sich hier um die oft zitierte Urszene handelt, die lebensgeschichtlich ein Gemisch ist aus mehr oder weniger lückenhaft beobachteter Realität elterlichen Sexualverkehrs und kindlich unbeholfenen Phantasien, oder ob es nicht doch eine Bereitschaft gibt, sich den sexuellen Verkehr von Mann und Frau, das heißt von sich selbst und dem Partner oder der Partnerin, in einer Grundform vorzustellen. Auch Freud (1918) hielt die Urphantasien vorsichtig für phylogenetischen Besitz, für eine «Art von schwer bestimmbarem Wissen für etwas, wie eine Vorbereitung zum Verständnis». «Das Individuum greift in ihnen über sein eigenes Erleben hinaus in das Erleben der Vorzeit, wo sein eigenes Erleben allzu rudimentär geworden ist» (Freud 1917). Nun ist vielleicht eine Antwort auf diese Fragen nicht so wesentlich, da der körperliche, seelische und gesellschaftliche Bereich nur künstlich zu trennen sind und insgesamt eine durchgehende Struktur darstellen. Worauf es ankommt, ist die Grundform selbst, nicht ihre letzte Bedingung.

Die Phantasie, die hier gemeint ist, liegt sozusagen auf dem Boden aller Vorstellungen. Sie ist bar jeder nachträglichen Verfeinerung oder Zuordnung in moralische Kategorien. Es geht also nicht darum, daß etwa der Mann, der einst im Sexualleben als eigensüchtig, gefühllos und rücksichtslos galt und psychoanalytisch gesehen sehr verängstigt gewesen sein muß, sich heute sensibel und verletzlich zeigen kann und Zärtlichkeit als Voraussetzung für eine erfüllte Sexualität ansieht. Es geht nicht darum, daß er immer noch dazu neigt, die Frauen in Madonnen oder Huren zu gruppieren, oder, um mit Theweleit zu sprechen, weiße von roten Krankenschwestern trennt. Und es geht auch nicht um die neuentdeckten sexuellen Phantasien der Frauen mit ihrer erstaunlichen Liebe zum Detail (vgl. Friday). Vielmehr ist das Ziel, eine dahinterliegende, oft verwischte und gar nicht sichtbare, meist überlagerte und verzerrte Grundstruktur der wirklich sinnlichen Beziehung zwischen Mann und Frau in der höchsten sexuellen Erregung zu finden. An diese Grundvorstellung wären wir gebunden. Sie müßte uns beherrschen, wenn man ihr spontanes Auftauchen so nennen will, wie der Glaube Haupt und Glieder einer Sekte. Meines Erachtens ist diese Grundphantasie aus Abwehrgründen denunziert, als Abartigkeit isoliert und fixiert in der sexuellen Hörigkeit. Es scheint vieles dafür zu sprechen, daß diese Hörigkeit der Sektenbindung hochgradig ähnelt, sofern man die starke Bearbeitung, die Verstellung, das heißt meist die Unterdrückung der Sexualität in Sekten beachtet. In dieser Sicht wäre also die Sektenbeziehung zwischen Führer und Anhänger der sie begründenden ursprünglichen Sinnlichkeit beraubt. Sie wird verdrängt durch strenge Gebote und geradezu ruhelose Askeseübungen, wobei die Heftigkeit dieser Maßnahmen die Stärke der bekämpften sexuellen Aufladungen zeigen dürfte. Wo dann allerdings das Verdrängte wieder durch die Verdrängung dringt, zeigt sich der starke latent sexuelle Gehalt der Sektenbindung zwischen Herrn und Hörigen mehr als deutlich: Moshe David läßt die Kinder Gottes eine Art Prostitution betreiben, das «Flirty Fishing», und zeigt sich gern mit einer Schar reizender Mädchen, die auf sein Geheiß nicht nur tief dekolletiert sind. Beim «Flirty Fishing» geht es weniger um das Geld, vielmehr geht es um den Gewinn eines Mitglieds, um die Herstellung einer Bindung zu «Onkel Mo». Der ganze Beischlaf vollzieht sich im Namen des Herrn und damit unbewußt mit ihm. Jim Jones, der Führer der Volkstempelsekte, soll selbst in unersättlicher Gier sexuell mit seinen Anhängerinnen (und homosexuell mit Anhängern) verkehrt haben. Doch bietet die Bestrafung einer Romanze, die sich verbotenerweise zwischen einer Frau und einem Mann aus seiner Sekte entwickelt hatte, einen noch tieferen Einblick in die unbedingte sexuelle Bindung zwischen ihm und den Anhängern: die «treulose» Frau mußte, wie im «Time Magazine» zu lesen war, öffentlich vor den Augen der Sekte mit einem Mann verkehren, den sie nicht ausstehen konnte. In dieser Sühne ist sehr viel verdichtet: der erzwungene Beischlaf mit einem Verschmähten, der natürlich unbewußt Jim Jones selbst vertrat, die harte «Neutralisierung» der verbotenen Liebe durch einen widerlichen Verkehr, das mahnende Beispiel, aber auch die kaum versteckte Befriedigung der sexuellen und aggressiven Gier in der öffentlichen Schau usw. Alles aber diente der disziplinierenden Ausrichtung auf den Herrn oder – neutraler gesagt – der Wiederherstellung der sexuellen Grundbeziehung zu dem Führer, diese Dualunion, die keine unkontrollierten Querverbindungen der Mitglieder untereinander duldet.

Abgesehen von diesen sehr speziellen Sektenbeispielen bietet auch das Christentum Einblick in die Bedeutung der Sexualität für die ausschließliche religiöse Bindung: So müssen Nonnen auf die Sexualität verzichten und bleiben eben damit die Bräute Jesu.

Doch zurück zu unserer Erkundung jener Grundvorstellung, die uns in der erregten Sexualität bestimmen soll. Wie immer, wenn es um innerseelische Vorgänge geht, sind die Frauen den Männern weit voraus. So lassen sie auch ihre sexuelle Grundphantasie deutlicher sichtbar werden.

Das Gefühl, machtlos zu sein, sich auszuliefern, sich nicht wehren zu können, genießen Frauen am meisten. Nancy Friday zitiert Aussagen wie: «Ich mag die Vorstellung, daß mir jemand die Kontrolle über mich selbst nimmt.» – «Ich stelle mir vor, daß ich mit Gewalt genommen werde.» Manchmal nennen das die Frauen Lust an der eigenen Ohnmacht. Die Vorstellung, nicht anders zu können, gehorchen zu müssen, entspricht der absoluten Bindung an einen Partner und gleicht der bedingungslosen Unterwerfung des Abhängigen in der Sekte.

Nichts wäre aber falscher, als den Frauen an Hand dieser Phantasien zu unterstellen, sie wären tatsächlich darauf aus, «willenlose Geschöpfe zu sein, die vergewaltigt werden wollen». Obwohl der Satz selbst den Kurzschluß enthält, Willenlose wollten etwas, beunruhigt er vor allem die Frauen, die im Rahmen ihrer Emanzipation ein neues Selbstverständnis errungen haben. Diese Vergewaltigungswünsche sind eine weitgehende, sozusagen moderne Bearbeitung der Grundphantasie, in die zahllose Momente entstellend mit einfließen. Es scheint mir auch viel zu eng, darin nur masochistische Neigungen ausphantasiert zu sehen. Zwar mögen Bestrafungsbedürfnisse, Ängste vor der eigenen Gefühlsintensität und andere Momente eingefügt sein. Der wirkliche Hintergrund ist aber in etwas anderem zu sehen: mit ihrer Hingabephantasie gestalten die Frauen sehr aktiv eine Seite der sexuellen Urbeziehung. Phantasien sind stets Ausdruck eigener aktiver Gestaltung. In ihnen entwerfen die Frauen aber nicht nur ihre Rolle, sie entwickeln damit ebenso, ja unvermeidlich, die Rolle des Partners. Daß sie überwiegend – aber eben auch nicht immer – die sogenannte passive Rolle übernehmen, zeigt nur eine Bereitschaft an. Sicherlich ist sie somatisch, psychisch und sozial bedingt und könnte im übrigen nicht zuletzt auch vom Empfangen abhängig sein. Bereitschaft zur Passivität heißt aber nicht Unfähigkeit zur Aktivität oder gar weniger aktive Beteiligung am Herstellen der ganzen sexuellen Beziehung. Die Frau trägt beide Seiten, das heißt die ganze Beziehung, in sich. Sie gestaltet sie von sich aus mit der gleichen Intensität wie ein Partner, dem äußerlich betrachtet die aktive Rolle bleibt. Beide bedingen sich gegenseitig. Oder um es paradox zu sagen: Weiblichkeit und Männlichkeit lassen sich wechselseitig entstehen. Ohne die grundlegende Bisexualität des Menschen wären sie also undenkbar. Sie sind vom Wesen her Eigenschaften einer Beziehung und nicht eines isolierten Individuums. Frauen übernehmen in dieser sexuellen Beziehung den Aspekt der bedingungslosen Hingabe, der sich verfälscht, verzerrt, verfremdet und verängstigt als Vergewaltigung anzeigt, von dem Männer aber in gleicher Weise ergriffen werden müssen, wenn sie sich wirklich auf Sexualität einlassen. Ganz offensichtlich gibt es aber trotz der Tatsache, daß Männer und Frauen die ganze sexuelle Beziehung mit beiden Rollen in sich tragen und erleben, in der bewußtwerdenden Phantasie eine bevorzugte Rollenverteilung.

Wenn Frauen die ohnmächtige Rolle in einer extrem ungleichgewichtigen Beziehung mit höchster sexueller Erregung genießen und sich die ausschließliche Bindung darin äußert, daß ihre Partner mit ihnen machen können, was sie (hier im Doppelsinn: die Männer und die Frauen) wollen, dann wäre nach entsprechenden sexuellen Phantasien bei den Männern zu fragen. Diese sind trotz inzwischen ebenfalls versuchter Erkundungen nicht so offen zu Tage gelegt wie die der Frauen. Aus Untersuchungen, etwa von Pietropinto/Simenauer zu den Phantasien der Männer über die sexuelle Wunschpartnerin und vor allem aus der intimen Kenntnis der sexuellen Männerphantasien, die langjährige psychoanalytische Behandlungen in ihrem ganzen Zusammenhang aufdecken können, enthüllt sich nun eine ergänzende, komplementäre männliche Rolle: sie wollen ganz über die Frau verfügen können. Sie wünschen sich die vollkommene Kontrolle, die totale Macht. Sie stellen sich Vergewaltigungen vermutlich ebensooft wie die

Frauen ihr Vergewaltigtwerden vor. Ihre Wunschvorstellung von der Partnerin lautet: «Sie würde alles tun, was ich will.» – «Sie müßte eine schöne Sklavin sein.» Sie sollte ihnen bedingungslos folgen (vgl. auch Friday 1980).

Es wäre weit gefehlt, hierin die Klischeevorstellung des Machismo entdecken zu wollen, obwohl diese täuschend ähnlich klingt. Die Männer wollen auch wirklich ganz geliebt werden. Offensichtlich liegt auch nicht nur eine Angstbewältigung durch totale Kontrolle vor. Solche Deutungen lassen eher auf eine mißtrauische, gebrochene und hingabeunfähige Einstellung des Deuters zur Sexualität schließen. Denn es geht etwa bei diesen phantasierten Vergewaltigungen nicht um einen kalten, äußeren, distanzierten Akt. Vielmehr handelt es sich ebenfalls um einen Versuch, eine Beziehung zu entwerfen, die einen in ihrer Gewalt packt und deren Gewalt man auf diese Weise in Phantasiebilder umsetzt.

Wir würden uns völlig auf eine pathologisierende oder moralische Ebene einengen, wollten wir uns oder anderen Vorwürfe wegen dieses vermeintlichen Herrschaftsverhältnisses machen oder in ihm eine psychische oder soziale Störung diagnostizieren. Zur Grunderkenntnis dieser komplementären sexuellen Phantasien gehört die Tatsache, daß Frauen und Männer die Beziehung gemeinsam mit unterschiedlichen Schwerpunkten entwerfen und daß ihre Rollenvorstellungen in der sexuellen Ergriffenheit, nicht in der Unterdrückung ihren Boden haben. Eben deswegen können die Positionen auch ausgetauscht werden. In den sexuellen Phantasien der Frauen und Männer ist das durchaus, wenn auch nicht gleichgewichtig verteilt, zu beobachten; die tendenzielle Einseitigkeit dürfte im wesentlichen gesellschaftlich bedingt sein. Daran ist wieder zu sehen, wie schwer ursprüngliche psychische und gar somatisch beeinflußte Momente und soziale Faktoren auseinanderzuhalten sind. Wie erwähnt, hat die Antwort für unseren Zusammenhang auch keine entscheidende Bedeutung. Immerhin dürfte es einem wohl schwerfallen, die oft zum Vergleich herangezogene hypnotische Beziehung als Phänomen der Unterdrückung durch Herrschaft aufzufassen, obwohl sie natürlich auch einmal zum Instrument von Verbrechern gemacht werden kann.

Die Grundphantasie über die «letzte» sexuelle Beziehungsform ist in jedem Falle eine Realitätsauffassung, die verbreitet, wenn auch verborgen ist. Sie beginnt uns mit der sexuellen Erregung zu beherrschen, wenn man sie nicht überhaupt mit ihr gleichsetzen muß. So wie wir in dieser Urphantasie gemeinsam eine sexuelle Hörigkeit untereinander inszenieren, sind wir aber auch dieser Auffassung selbst hörig. Sie zwingt sich auf. Die Bindung an sie ist so absolut wie die Bindung an einen Sektenglauben, wahrscheinlich sogar noch stärker. In der sexuellen Erregung an diese eher unbewußte als bewußte Vorstellung gebunden, sind wir die Gefangenen, die Isolierten, die wir sein wollen. Für eine Zeitspanne, die stets die Ewigkeit will und die oft auch so erlebt wird, sind wir im geschlossenen System einer passageren Sekte und erleben, wenn die Bedingungen günstig sind, eine Form von Rausch und Seligkeit. Alle Merkmale einer Sekte zeigen sich überdeutlich: die absolute Bindung, die extrem ungleichgewichtige Beziehung, die gleichermaßen von beiden hergestellt wird und austauschbar in ihren Rollen sein kann, die geschlossene Einheit, das Ineinanderaufgehen, die Sinnerfüllung. Ich halte die Parallelen nicht für zufällig. Sollten Sekten mehr oder weniger verzerrte Variationen dieses Themas sein? Für die Kollusion liegt diese Annahme nahe. Dann aber würde der Glaube, der Entzücken wie Seligkeit macht und seine Anhänger entrückt, mit der sexuellen Erregung zusammenhängen. Mir ist gesagt worden, daß heutige Jesuiten Gott als «extremes, intensives Gefühl» definieren (Vandenberg). Wäre dann gar auch unsere Realitätsauffassung, das heißt der profane Glaube moderner Sekten, ebenfalls sexuell bestimmt? Das geht sehr weit und kann gründlicheren Studien überlassen bleiben. Wenn man allerdings die Hypersexualität des Menschen (Eibl-Eibesfeldt) als gesichert gelten läßt, kann das kaum eine Überraschung sein.

Zu welcher Sekte gehört der Autor?

Bin ich nun in eine Falle geraten? Ist hier nicht genau das geschehen, was Foucault in «Sexualität und Wahrheit» zu durchleuchten begann – daß nämlich nicht nur die Unterdrückung der Sexualität, sondern auch die spezifische und gezielte Sexualisierung der feinen Strategie komplexer Machtverhältnisse entspricht? Wird hier nicht Sexualität zum Inbegriff der Existenz? Entsteht hier nicht die «strenge Monarchie des Sexus»? Empfinden wir nicht vor der vermeintlichen Allmacht des Sexus gerade so wie einst vor Gott? Bildet sich hier eine Pseudotheologie ab? Bin ich Opfer einer Machtapparatur geworden, die Sexualität als das suggeriert, was Halt, Sinn und Identität gibt und uns glauben läßt, daß es um unsere Befreiung ginge? Ist hier deswegen Sexualität so bedeutend dargestellt, bedeutender – wie Foucault sagt – als unsere Seele, wichtiger fast als unser Leben?

Gesetzt, es wäre so: Ich bliebe auch dann noch Sektenmitglied. Ich wäre abhängiger Anhänger einer Realitätsauffassung, die eine soziale Macht mit Hilfe einer somatischen Kraft über mich verfügt.

Wer will hier über die Realitäten entscheiden? Trifft Foucault mit seiner Realitätsauffassung die Realitäten, oder ist er in Nachfolge christlicher Fleischgeißelung ein

Triebgegner moderner Fassung? Sagt er vielleicht mit den komplexen Begriffen des heutigen Philosophen, was Hare-Krishna-Jünger entrüstet in die simple Formel faßten, Sexualität sei eine Hautkrankheit? Sind wir biologistisch unter dem Druck sozialer Verhältnisse, soziologisch unter dem Druck biologischer Verhältnisse, oder sind wir soziobiologisch? Jeder gehe in seine Sekte und suche zu antworten auf die Frage. «Was ereignet sich gegenwärtig, und wer sind wir, die wir vielleicht nichts anderes sind als das, was sich gegenwärtig ereignet?» (Foucault). Mit seiner Antwort bleibt er in seiner Sekte.

Das Schweigen des Vaters im Körper der Mutter

Geburt des Kindes – Tod der Liebe?

für Marina

Ist die Geburt des Kindes wirklich der Tod der Liebe?

Wird das erste Kind geboren, geht die Liebe oft unter. Warum? Die Frau wird Mutter. Unbewußt auch für den Mann. Das Inzestverbot fällt wie eine Guillotine in die Beziehung. Das ist die klassische Deutung der Psychoanalyse. Das Ereignis lag in früheren Zeiten schon bei der Hochzeit. Denn da geschieht unbewußt eine ebenso bedeutende Verwandlung der Geliebten zur Ehefrau-Mutter. Honigmonde schmecken oft nicht süß. Den Untergang der Erotik oder doch ihre beträchtliche Minderung bedingt aber auch die Konkurrenz zur zweiten großen Liebesform der Menschen: zur Kinderliebe. Sie ist eine heftige, andersartige Sinnlichkeit, die nur wenige mit dem erotischen Erleben Erwachsener verschmelzen können. Es läuft in der Liebespraxis oft darauf hinaus, daß die tiefe Fürsorge der Sexualität die Schärfe nimmt.

Wenn wir auch unter sehr anderen Bedingungen aufwachsen als zur Zeit der entstehenden Psychoanalyse, ist die Aktualisierung der ödipalen Krise heute nicht gänzlich überholt. Schon da zeigt sich eine parallele unbewußte Verwandlung des Vaters: Wird die Frau auch zu seiner Mutter, wird er zum Kind. Jede Geburt ist also mindestens eine Doppelgeburt. In der Regel entstehen Drillinge. Denn die Mutter muß auch zum Kind werden. Anders verstünde sie ihr Kind nicht. Sie gebiert sich also auch selbst. Das aber ist bei weitem nicht alles.

Das Wechselwirkungsgeflecht ist sehr dicht. Es wird schon in den regelmäßigen Beziehungskrisen während der Schwangerschaft sichtbar. Und das ist natürlich nicht der Anfang. In wenigen Worten will ich zu skizzieren versuchen, wie ich die mißliche Lage heute verstehe, erlebe und zu beheben sehe.

Von den sieben Strapazen der sorgenden Mutter wäre eine genug

In einer der Paarselbsterfahrungsgruppen, die ich leitete, hatten drei Paare Babies unter einem halben Jahr alt. Die Männer waren in sozialen Berufen tätig. Zwei Frauen hatten ihre ähnliche Tätigkeit ausgesetzt. Eine junge Mutter blieb in Ausbildung. Überall zeigte sich ein ähnlicher Ablauf: Die junge Mutter liebte das Kind. Das strapazierte sie bald außerordentlich. Ihre Belastung ist dicht geflochten. Vor allem ist es die Pausenlosigkeit des Einsatzes für den Säugling, der die jungen Mütter ausgesetzt sind. Sie haben – wie heute fast allgemein üblich – niemand zur Fürsorge als sich selbst. Dieser Einzeleinsatz ist eine spezifische Frauenkatastrophe. Sie ist den Frauen selbst und vor allem ihren Bekannten in der Regel nicht bewußt. «Schon zwei Stunden am Tag sicher und ganz für mich, das wäre das Himmelreich», sagte eine.

Zum zweiten braucht die Frau als Hochversorgerin des kleinen Wesens, das absolut auf ihre Hilfe angewiesen ist, selbst Hochversorgung. Wer so viel geben will und muß, muß selbst für die eigene seelische Balance viel bekommen. Da gibt es jedoch niemanden: keine dritten Personen, weil die Mehrgenerationenfamilie ausgestorben ist. Falls die eigene Mutter zur Verfügung steht, wird sie oft nur mit hoher Zwiespältigkeit beansprucht. Andere Personen kommen nur bedingt in Frage, weil die Versorgung sehr junger Kinder tiefgehend persönlich ist und im Grunde nur durch einen sehr nahen Menschen geschehen kann. Der Mann (der Vater) entfällt, weil er in der Regel seinen Arbeitseinsatz nicht mindern kann oder will. Und vor allem entfällt die junge Mutter für sich selbst, denn sie begreift ihre zusätzliche Aufgabe gar nicht: sich selbst eine ebenso gute Mutter zu sein wie dem Kind.

Drittens belastet die jungen Mütter die Tiefe der sehr ursprünglichen Beziehung zu dem kleinen Kind. Sie steht in krassem Kontrast zur durchgeplanten Leistungswelt. Die jungen Mütter steigen gleichsam aus ihrer arbeitsorientierten Lebenshaltung, die ihnen allein berufliche Anerkennung und Identität vermittelt, hinab in den Ursprung des einfachsten Menschseins. Diese Spannung in sich selbst ist für moderne Menschen kaum auszuhalten. Es ist fast seelisches Ausland. Wenn es noch gutgeht: ein Ausnahmezustand. Die Frauen ergreift eine unbewußte Angst, sich in dieser Regressionstiefe zu verlieren. Gut hat es, wer selbst diese früheste Zeit gut erlebte. Die unbewußten Erinnerungen wirken hier außerordentlich stark.

Aber das wäre schon das vierte Belastungsmoment: die meisten Frauen, ja inzwischen sogar deren Mütter, haben die ersten Lebensmonate selbst nicht in familiendynamischer Ausgeglichenheit verbringen können. Das Reklamebild der glückseligen, stillen, lächelnden Säuglingsfamilie ist bestenfalls ein Besuchsbild. Diese Momentaufnahme wird natürlich gern überall vorgezeigt, vor allem von der jungen Familie selbst, die sich der Lage gewachsen zeigen möchte. Die geheimgehaltenen Ambivalenzen sind zum Verzweifeln.

Daraus entsteht das fünfte Moment: die jungen Mütter spüren, nicht unbelastet ihre ganze Liebe geben zu können. Weil sie nicht ganz lieben können, können sie aber auch nicht ganz hassen. Der Haß ist genauso normal wie die Liebe. Er ist ihre Enttäuschungsform. Doch haben die jungen Mütter das Gefühl, ihr Kind nicht hassen zu dürfen: weil sie in ihrer Liebe keinen lebendigen Ausgleich haben. Dadurch versuchen sie, lieb zu sein, oder beantworten ihre hochkommenden Abneigungen gegen das Kind mit quälenden Schuldgefühlen. Dabei ist der freie Fluß der Gefühle für die Entwicklung der Kinder wahrscheinlich notwendiger als Vitamine. Es hilft nicht viel, daß heute in aufgeklärten Kreisen selbst dieses schlechte Gewissen nicht sein darf: es wird nur abgewehrt, bleibt aber wirksam. «Ich vergehe, wenn ich das Murkel mal zum Fenster rausschmeißen wollte», sagte eine junge Mutter. Die Mutter bleibt im Liebe-Haß-Konflikt stecken, statt frei in den Gefühlen dahinzuströmen, wechselnd zwischen seliger Verschmolzenheit und dem ganz offenen Empfinden, daß das Kind sie strapaziert, ärgert oder wahnsinnig wütend macht. Durch die Unterdrückung dieses Konfliktes und durch das Diktat des ungebrochenen Liebseins wird der Haß heftiger und die Liebe vergällt. Da der Haß unbewußt konserviert wird, verstärkt sich die Lage von selbst: die Mutter hat nämlich das Gefühl, ihr Haß sei ein «innerer Zustand», keine natürliche Reaktion, und versucht ihn mit desto starrerem Einsatz unbewußter Energien dem Bewußtsein fernzuhalten.

Sechstens verliert eine junge Mutter, die berufstätig ist, auch real an Leistungsansehen. «Ich verheimliche möglichst auf der Arbeit, daß ich Mutter bin. Neulich erfuhr ein Vorgesetzter doch davon. Er war sehr freundlich, meinte jedoch: ‹Ja, wie schaffen Sie denn das so einfach, Beruf und Kind?› – Ich weiß nicht, wie er es meinte, aber es hörte sich für mich so an, als ob er mir sagen wollte: Ihre Arbeit muß ja doch darunter leiden.» – So bemerkte eine

Frau in der Gruppe. Gleichgültig wie ihr Vorgesetzter es selbst fühlte – vielleicht war es ihm nicht einmal bewußt –: die Mutter erlebte es als Minderung ihres Wertes im Arbeitsbereich. So kommt es zu einem klassischen Konflikt: die Mutter hat das Gefühl, nichts mehr gut zu machen. «Ich pendele nur zwischen zwei Schuldgefühlen hin und her, denen gegenüber dem Kind, weil ich arbeite, und denen gegenüber meiner Berufswelt, weil ich ein Kind zu versorgen habe.» Diese doppelten Schuldgefühle sind ein genaues Symptom der Tatsache, daß in unserer Industriegesellschaft Berufsleistung und Leben auseinandergefallen und nicht mehr zu vereinbaren sind. Das geht Männern wie Frauen so. Für junge Mütter zeigt sich dieses sehr ernste gesellschaftliche Moment an dem ständig verdrängten Gefühl, daß Kind und Beruf nur schlecht zusammengehen.

Bleibt eine Frau aber ohne Beruf, gerät sie mit einem Kind noch tiefer in reale Abhängigkeit vom Mann. Das widerspricht nicht nur der Gleichberechtigung. Vielmehr leitet es vor allem eine Beziehung ein, deren Konfliktfähigkeit langsam dahinschwindet. Eine Frau kann ihrem Mann gegenüber nicht selbständig denken und auftreten, wenn sie von ihm im Ernstfall nicht auch existentiell unabhängig sein kann. Das ist der wirtschaftlich bedingte, seelische Grund für die falsche Harmonievorstellung der konfliktlosen Familie. Denn nur, wo keine Konflikte sind, ist Konfliktfähigkeit überflüssig. Es gibt jedoch heute kaum eine Situation, geschweige denn eine Familie ohne Konflikte. Konfliktfähigkeit statt Konfliktlosigkeit ist also für unser heutiges Leben der angemessene Wert. Er ist durch die Geburt eines Kindes tatsächlich gefährdet. Das Paar muß mit sehr viel Geschick eine angemessene Lösung für eine tatsächliche Selbständigkeit der Mutter zu erreichen versuchen. Sonst wird gegen den Willen aller Beteiligten das Kind zur Zeitbombe der Beziehung.

Wenn die Frau durch das Kind im Berufsleben sowohl reale Chancen wie das für sie seelisch notwendige Anerkennungsgefühl verliert, bekommt das Kind unbewußt die Schuld an diesem Berufsverlust, an dieser Ehrenminderung im Leben einer Leistungsgesellschaft, an dieser Bedrohung möglicher Unabhängigkeit. Keiner kann etwas daran ändern. Mir scheint, daß dieses Dilemma von den Frauen gespürt wird. In der Bundesrepublik Deutschland ziehen mehr und mehr Frauen den Beruf dem Kind vor.

Zwei große Abhängigkeiten bedrohen die junge Mutter: die Regressionstiefe des Mutterseins – die das erwachsene Leistungs-Ich ungewöhnlich herausfordert und eine große seelische Flexibilität als eine spezielle mütterliche Fähigkeit verlangt – und die Berufsbehinderung, die jede eigene Selbständigkeit mindert. Die Bedrohung macht eine unterschwellige Angst. Angst ist der größte Widersacher der Liebe. Nur eines dieser Momente kann erotische Gefühle zum Schwinden bringen.

Ein siebtes Moment entsteht durch die Isolation der Mutter. Wenn sie stillt, sitzt sie zu Hause, fast in ständiger Rufbereitschaft für das Kind. Die Flaschenernährung ist eine zweifelhafte kleine Entlastung: die Pausen sind etwas länger und besser zu berechnen, weil die Nahrung schwerer verdaulich ist; dementsprechend verläuft allerdings die seelische Entwicklung des Kindes auch etwas benommener. Die Beengung des täglichen Lebens kann nur nachfühlen, wer es erlebt oder miterlebt hat. Selbst ein sonst völlig unproblematischer Einkauf wird zur Planungsleistung ersten Ranges. Sehr oft fehlt den meisten Müttern der Austausch mit anderen Erwachsenen, gleichsam die Erholung auf der Ebene des erwachsenen, gewohnten, normalen Lebens.

Wie soll ein Mann in der vaterlosen Männergesellschaft Vater werden?

Nun wäre da ja noch der Mann und Vater, fällt einem schließlich ein. Der aber ist bei der Arbeit. Und danach? Cornelia sagt: «Wenn du nach Hause kommst, bist du doch auch müde. Ich möchte dir auch gern was bieten, dich versorgen. Aber da ist nun das Baby schon den ganzen Tag und jetzt du noch – ich schaff das einfach nicht.» Schön wäre es, würde der Mann und Vater die urväterliche Aufgabe übernehmen: seiner Frau und der Mutter seines Kindes die Geborgenheit und den Halt einer lebendigen, entlastenden, sich austauschenden Beziehung zu bieten. Nichts davon. Es geschieht einfach nicht. Dabei ist es dieser stabilisierende Rahmen, zu dem idealerweise auch eine erfüllte erotische Beziehung gehört, der für die sich entwickelnde Mutter-Kind-Beziehung von allerhöchster Bedeutung ist. Das ist in meinen Augen die Essenz der Väterlichkeit. Sie ist nicht erst nötig im Zuge der sogenannten Triangulierung, indem der Vater als dritte Person nach und nach beim sanften Auflösen der Symbiose sowohl der Mutter wie dem Kind günstige Entwicklungsbedingungen bietet. Vielmehr ist die Gegenwart des Vaters durch seine Beziehung zur Mutter immer da. Wie ich glaube: sogar für das intrauterine Leben.

Warum scheitert diese Väterlichkeit meist? Ich gehe nicht auf den gesellschaftlich bedingten Verlust der Väterlichkeit ersten und zweiten Grades ein (A. Mitscherlich), sondern beschränke mich auf die unmittelbare Situation. Der Hintergrund ist deutlich: schon im Zuge der Schwangerschaft hat sich natürlicherweise die Frau vermehrt dem in ihr wachsenden Kind zugewandt. Der Mann stand etwas verdattert vor dem merkwürdigen Gefühl, daß da eigentlich keiner war, der die Gegenwart und

Aufmerksamkeit seiner Frau abzog: und doch war sie anwesend abwesend. Männer haben es schwer, nach innen zu blicken: die Außenleistung fordert sie ständig. Die Beziehungen nehmen heute fernsehähnliche Qualität an, womit ich eine Art informierenden Flachbildcharakter ohne wechselseitig tieferen Austausch meine. Und in diesen besonderen Zeiten sorgt der latente Gebärneid auch nicht für vermehrte Reflexion. So entgeht dem männlichen Bewußtsein der tiefgreifende Beziehungswandel der im Werden befindlichen Familie. Nur manchmal, wenn Männer den dicker werdenden Bauch ihrer Frau nicht mit innerer Beteiligung oder sogar nur gegen ihren Willen streicheln können, wird ihnen deutlich, daß das Kind ihnen etwas aus der Paarbeziehung abzieht. Es ist nicht nur das Kind im Manne, das zu kurz kommt. Vielmehr geht jener Beziehungsanteil verloren, der in einer Leistungsgesellschaft eine wesentliche Legitimation der Ehe darstellt: daß die Frau den Mann nämlich seelisch, sozial und körperlich versorgt, damit er leistungsfähig bleibt. Dieser gesellschaftlich höchst bedeutende Beziehungsanteil wird im übrigen natürlich vom Mann ganz persönlich als Wunsch, Sehnsucht oder Forderung an die Frau gefühlt. Er geht dahin.

Ist nun das Baby da, ist der Verlust konkret zu verzeichnen: der Mann muß seine Frau mit dem Kind teilen. Der Vaterstolz ist in der Regel auf die Zukunft gerichtet und nur selten lebendige Gegenwart. Der Mann kann sich nicht einfach wohlig zu Hause von der Frau versorgen lassen. Der Berufsstress bleibt unausgeglichen. Zum Glück – zeigt sich hier besonders – gibt es das Fernsehen. Es ist als technische Ersatzmutterbrust von ungeahnter kollektiver Bedeutung für derart gestresste Familien. Es lenkt, wie Alexander Mitscherlich sagte, zu Hause von zu Hause ab. Die nötigsten Handgriffe, die nun einmal getan werden müssen, versieht der unväterliche Mann vielleicht noch, sich aber selbst der Frau zuzuwenden, kommt aus zahllosen Gründen nicht in Frage: aus Enttäuschung, Neid, Eifersucht, die Frau nicht mehr ganz zu haben; aus der Belastung, nicht einmal die nötige äußere Versorgung von ihr erwarten zu können; aus der Strapazierung der jungen Mutter, die sie nicht liebenswerter macht; aus der Minderung des erotischen Lebens; wegen des völligen Ausgeschlossenseins aus der frühen Mutter-Kind-Union; wegen der konkreten Aussicht, statt Entlastung in der Familie eher weitere Belastungen zu erfahren, etwa durch weniger oder unterbrochenen Schlaf; und nicht zuletzt wegen der Aussicht, daß die meisten dieser Momente sich auch in Zukunft nicht ändern werden. Seine ganze Lage gibt ihm das unbestimmte Gefühl, überflüssig zu sein. Es mobilisiert in ihm alle als Kind erlebten, unbewußten Beziehungen zu seiner Mutter, in denen er sich abgehängt und abgeschoben fühlte.

Er kann und will nichts geben, weil er nichts bekommt. Der Resonanzboden seiner Lebensgeschichte verstärkt dieses Gefühl. So schweigt der Vater im Inneren, ja im Körper der Mutter. Die junge Frau fühlt das schmerzlich. Aber in ihr vollzieht sich auch eine Wiederholung der frühen Mutterbeziehung.

Die Geburt des Kindes gebiert in Mann und Frau die bedürftige innere Mutter

Die Umwälzung, die eine Geburt mit sich bringt, wird durch das bedeutendste Moment im Seelenleben von Mann und Frau belastet: durch die Mobilisierung der inneren, sogenannten negativen Mutter. Wird die Frau selbst Mutter, mobilisiert dieser Vorgang in der Frau, aber genauso im Mann, die einst erlebte Mutter. Mit dieser haben sich beide nicht nur selbst identifiziert, sie übertragen diese Mutter auch wechselseitig aufeinander. Im Zeitalter der narzißtischen Störungen scheint es mir relativ gesichert, daß der Anteil der negativen Mutter heute den Anteil der guten Mutter überwiegt. Die gute Mutter ist gleichsam in der negativen Mutter verborgen: wie sich etwa in der russischen Puppe eine zweite innen befindet. Die Beziehung wird dadurch besonders düster. Und zwar wechselseitig. Das Paar bekommt sie oftmals sachlich ganz gut in den Griff und kann den Alltag einigermaßen verwalten. Die Beziehung gelingt aber nicht gefühlsmäßig. Es entstehen scheußliche Mißstimmungen: «Du gibst mir zuwenig» – «du schränkst mich ein» – «ich kann mich bei dir nicht mehr wohl fühlen» – «ich finde dich häßlich» – «du bist lieblos» – «du gehst mir auf den Wecker» – «du frißt mich auf» – «bei dir ist für mich nichts zu holen» – «ständig willst du etwas von mir» usw.

Diese dräuende Gereiztheit bedroht die beiden Partner vor allem durch ihren unbestimmten, fast gestaltlosen Gehalt. Kräche, vergiftete Atmosphäre, Trennungsabsichten, deutliches Absetzen des Mannes, Beleidigtsein, wechselseitige Vorwürfe sind an der Tagesordnung. So zeigt sich die Wiederauferstehung der unzulänglichen, uneinfühlsamen Mutter an. Unsere eigene Mutter ist aber nur deswegen die Mutter der Enttäuschung, weil sie selbst enttäuscht war. Die Mutter, die wir so negativ erleben, ist selbst eine bedürftige Mutter. Wir leben sie jetzt nach und erleben gleichzeitig ihre mißliche Lage. Übertragungen richten sich nur beiläufig nach dem tatsächlichen Geschlecht. Hier erlebt auch die junge Mutter ihren Mann als ihre eigene unzulängliche Mutter. Kurz: jeder erlebt den anderen und – in ehrlichen Momenten – auch sich selbst so wie seine lange in Verdrängung gehaltene unzureichende Mutter.

Gibt es aus dem Elend der frühen Dreiheit einen Ausweg?

Die Misere dieses frühkindlichen Feldes von drei Personen und drei Jahren scheint zunächst unaufhebbar, weil sie ganz wesentlich ein Symptom der Leistungsgesellschaft ist. Sind aber die Momente, die wechselseitig ineinandergreifen, geklärt, ließe sich eine willkommene Linderung aufzeigen: die frühe Elternschaft braucht eine gute Mutter. Wie aber können wir sie uns schaffen? Ich möchte nur wenige Hinweise geben, die ich zum großen Teil den Paargruppen verdanke:

Die gute Mutter gibt es in mehrfacher Erscheinung. Sie ist zum Beispiel in der Gegenwart eines oder mehrerer Menschen zu sehen, die für die frühen Eltern gewissermaßen die Mutterschaft übernehmen, ohne zusätzliche Konflikte in dieses Feld hineinzutragen. Die eigene Mutter von Mann oder Frau erweist sich leider durch oft nicht vorhergesehene prekäre Nebenwirkungen als ungeeignet. Ist das nicht der Fall, sind die Elternmütter unersetzbar. Hat ein junges Elternpaar die Notwendigkeit einer guten Mutter begriffen und sich zur Suche entschlossen, findet sich im Freundes-, Bekannten-, Nachbar- oder Verwandtenkreis in der Regel immer eine Lösung, die auch die Herangezogenen keinesfalls überfordert. Es ist oftmals ein sehr geringer Aufwand von wenigen Stunden in der Woche, der für die jungen Eltern eine ungeahnte Entlastung bringt.

Die zweite Chance liegt in der Mobilisierung der inneren guten Mutter, möglichst wechselseitig. Ideal und vollkommen geschieht dies natürlich durch eigene Selbsterfahrung oder Psychotherapie, soweit sie die unbewußten seelischen Vorgänge mit umfaßt. Es gelingt aber auch durch die Zielsetzung des Paares, sich wechselseitig möglichst viel Gutes, Mütterliches zu Hause zu gönnen. «Allein unser Entschluß, jede zusätzliche Aufgabe aufzuschieben oder ganz zu lassen und alles nur unter dem Gesichtspunkt der größten Gemütlichkeit zu machen, hat uns in diesen Monaten unendlich viel Entlastung gebracht», meinte ein Paar zum Beispiel. Diese Selbstzuwendung wird nur dann zu einer Falle, wenn Paare schöne Unternehmungen planen, die selbst wieder sehr viel Aktivität fordern. In dieser Perspektive wird besonders deutlich, wie anstrengend manchmal der Freizeitbereich als spezieller Industriesektor strukturiert ist.

Schließlich geht es darum, die Lebensstruktur, das heißt etwa die Organisation des Alltags beider Partner, als gute Mutter zu gestalten. Was heißt das? Die Art und Weise, wie ich lebe, kann Merkmale oder Eigenschaften in sich tragen, die denen einer guten Mutter entsprechen. Wenn ich in einer solchen Struktur lebe, entfaltet sich durch mein Alltagsleben gleichsam von selbst die gute Mutter. Dazu gehört etwa das von dem Paar erwähnte Leitbild, sich nach Möglichkeit ohne große Aktivitäten alles gemütlich zu machen. Jedes Paar spürt selbst am besten, wie es leben möchte. Ziel dieser bewußteren Lebensgestaltung ist es nicht, sich durch radikale Gegensatzbildungen aus der Misere von bedrohlicher Abhängigkeit und wechselseitiger Enttäuschung herauszukatapultieren, sondern gleichsam weiche, sanfte, unaufwendige Wege zu entwickeln, denen nicht neue Strapazen innewohnen. «Wir sind am Wochenende einfach durchs Feld gegangen, haben den Film, den wir sehen wollten, und die Kunstausstellung sausenlassen. Im Grunde haben wir gar nichts gemacht. Wir lagen nur auf der Wiese und segelten so vor uns hin.»

Es geht um ein uraltes Thema der Narren und der Weisen: um die Lebenskunst. Das ist die Wiederauferstehung der guten Mutter. Sie ist der Boden jeder glücklichen Liebe. Auch in einer Gesellschaft, die sie allseits behindert.

Literaturverzeichnis

Alberoni, Francesco (deutsch 1983): Verliebt sein und lieben – Revolution zu zweit. Stuttgart (DVA)

Anders, Günther (1956): Die Antiquiertheit des Menschen. Band 1 und 2. München (Beck) 1980

Aries, Philippe; André Bejin; Michel Foucault u. a. (1984): Die Masken des Begehrens und die Metamorphose der Sinnlichkeit. Frankfurt (Fischer)

Attali, Jacques (1981); Die kannibalische Ordnung. Frankfurt/New York (Campus) 1981

Bammé, Arno; Feuerstein, Günter; Genth, Renate; Holling, Eggert; Kahle, Renate; Kempin, Peter (1938); Maschinen-Menschen. Mensch- Maschinen. Grundrisse einer sozialen Beziehung. Reinbek (Rowohlt) 1983

Badinter, Elisabeth (1981): Die Mutterliebe. München/Zürich (Piper) 1981

Barthes, Roland (1984): Fragmente einer Sprache der Liebe. Frankfurt (Suhrkamp)

Bataille, Georges (1963): Der heilige Eros. Frankfurt/Berlin/Wien (Ullstein) 1974

Bellmer, Hans (1982): Die Puppe. Berlin (Gerhardt)

Berger, Peter; Luckmann, Thomas (1966, deutsch 1969): Die gesellschaftliche Konstruktion der Wirklichkeit. Frankfurt (Fischer)

Buber, Martin (1979): Das dialogische Prinzip. Heidelberg (Lambert Schneider) 1979

ders. (1981): Der Weg des Menschen nach der chassidischen Lehre. Heidelberg (Lambert Schneider)

Buss, Hero (1978): Guayana: Das Paradies der Sekten. Stern Nr. 51, 240f

Canetti, Elias (1960): Masse und Macht. Frankfurt (Fischer) 1982

Chang, Jolan (1978): Das Tao der Liebe. Reinbek (Rowohlt) 1983

ders. (1983): Das Tao für liebende Paare. Reinbek (Rowohlt) 1983

Chasseguet-Smirgel, Janine (1974): Psychoanalyse der weiblichen Sexualität. Frankfurt (Suhrkamp) 1976

Cohen, John (1968): Golem und Roboter. Frankfurt (Umschau)

Conway, Flo; Siegelmann, Jim (1978): Snapping. America's epidemic of sudden personality change. Philadelphia (Lippincolt)

Dally, Anne (1979): Die Macht unserer Mütter. Stuttgart (Klett-Cotta) 1979

Dicks, Henry (1963): Marital Tensions. New York (Basic Books) 1967

Dominian, Jack (1968): Marital Breakdown. Middlesex (Penguin) 1971

Durrell, Lawrence (1985): Das Lächeln des Tao. München (dianus-trikont), S. 41f

Eibl-Eibesfeldt, I. (1967): Grundriß der vergleichenden Verhaltensforschung. München (Piper), S. 202

Elias, Norbert (1936, 1958): Der Prozeß der Zivilisation. Band 1 und 2. Frankfurt (Suhrkamp)

Elten, Jörg Andrees (= Swami Satyananda) (1982): Ganz entspannt im Hier und Jetzt. Reinbek (Rowohlt)

Encyclopaedia Britannica (1975): Stichwort: sectarianism. Band IX Micropaedia

Erikson, Erik H. (1950, deutsch 1965): Kindheit und Gesellschaft. Stuttgart (Klett)

Fester, Richard; König, Marie E. P.; Jonas, Doris F.; Jonas, A. David (1979): Weib und Macht. Frankfurt (Fischer) 1979

Foucault, Michel (1979); Sexualität und Wahrheit. Band 1. Frankfurt (Suhrkamp) 1977

Foulkes, S. H. (1982): Gruppenanalytische Psychotherapie. München (Reinhardt)

Franck, Barbara (1979): Ich schau in den Spiegel und sehe meine Mutter. Gesprächsprotokolle mit Töchtern. Hamburg (Hoffmann und Campe)

dies. (1982): Mütter und Söhne. Gesprächsprotokolle mit Männern. Hamburg (Hoffmann und Campe)

Freud, Sigmund (1917): Vorlesungen zur Einführung in die Psychoanalyse. GW XI: 386, Frankfurt (Fischer)

ders. (1918): Aus der Geschichte einer infantilen Neurose. GW XII: 156

ders. (1921): Massenpsychologie und Ichanalyse. GW XIII: 73ff

ders. (1938): Das Unbehagen in der Kultur. GW XVII
Friday, Nancy (1978): Die sexuellen Phantasien der Frauen. Bern/München (Scherz) 1978
dies. (1980): Man in Love. Man's sexual phantasies: The triumph of love over rage. New York (Dell)
Fromm, Erich (1956, deutsch 1980): Die Kunst des Liebens. Berlin (Ullstein)
Gambaroff, Marina (1984): Utopie der Treue. Reinbek (Rowohlt) 1984
Gia Fu Feng (Übers.) (1982): Laotse. Tao-te-King. Haldenwang (Irisiana)
Gibran, Kahlil (1978): Der Prophet. Olten (Walter) 1978
Glaser, Hermann (1975): Sexualität und Aggression. München (Kindler) 1975
Graber, Hans Gustav (Hg.) (1974): Pränatale Psychologie. München (Kindler)
Gross, Werner (1982): Was erlebt ein Kind im Mutterleib? Freiburg (Herder)
Hartman, William; Fithian, Marilyn (1985): Jeder Mann kann. Berlin (Ullstein)
Hite, Shere (1977): Hite Report. München (Bertelsmann) 1977
Jones, Ernest (1927): The Early Development of Female Sexuality. Int. Journal of Psychoanalysis VIII
Jongsma, M. W. (Hg.) (1975): Ehekonflikte. München (Kindler) 1975
Jung, Carl Gustav (1929, 1957): Einleitung. In: Wilhelm, Richard: Das Geheimnis der goldenen Blüte. Zürich (Rascher)
Keen, Sam (1984): Die Lust an der Liebe. Weinheim (Beltz) 1984, S. 28
Kernberg, Otto (1981): Objektbeziehungen und Praxis der Psychoanalyse. Stuttgart (Klett-Cotta) 1981
Kinsey, Alfred C.; Pomeroy, Wardell B.; Martin, Clyde E. (1955): Das sexuelle Verhalten des Mannes. Berlin/Frankfurt (Fischer)
Kohut, Heinz (1971, deutsch 1973): Narzißmus. Frankfurt (Suhrkamp)
Kubie, Lawrence (1967): Die neurotische Verzerrung des schöpferischen Prozesses. Reinbek (Rowohlt) 1967
Kurzrock, Ruprecht (1979): Die Institution der Ehe. Forschung und Information. Schriftenreihe der Rias-Funk-Universität. Berlin (Colloquium) 1979
Lasègne, C.; Falret, J. (1877): La folie à deux ou folie communiquée. Ann. Méd. Psychol., 18: 321
Lauster, Peter (1980): Die Liebe. Psychologie eines Phänomens. Reinbek (Rowohlt)
Lehmann, Heinz E. (1967): Unusual psychiatric disorders and atypical psychoses. In: A. M. Freedmann and H. J. Kaplan (eds) (1967): Comprehensive Textbook of Psychiatry. Baltimore (Williams and Wilkins),

S. 1150ff
Lemaire, Jean G. (1980): Leben als Paar. Olten (Walter) 1980
Lenski, Gerhard (1973): Macht und Privileg. Eine Theorie der sozialen Schichtung. Frankfurt (Suhrkamp)
Lilly, John C. (1982): Im Zentrum des Zyklons. Frankfurt (Fischer)
Loschütz, Gerd (1984): Eine wahnsinnige Liebe
Lorenzer, Alfred (1984): Intimität und soziales Leid. Frankfurt (Fischer) 1984
Luhmann, Niklas (1982): Liebe als Passion. Frankfurt (Suhrkamp)
Masters, William H.; Johnson, Virginia E. (1984): Die sexuelle Reaktion. Reinbek (Rowohlt)
Mead, Margaret (1963): Mann und Weib. Reinbek (Rowohlt rde)
Mitscherlich, Alexander (1963): Auf dem Weg zur vaterlosen Gesellschaft. München (Piper)
Mitscherlich, Margarete (1985): Die friedfertige Frau. Frankfurt (Fischer)
Moeller, Michael L.; Moeller-Gambaroff, Marina (1978): Veränderungen von Paarbeziehungen durch Gruppenanalyse. Eine empirische Untersuchung. Familiendynamik 3, 1, 47–66
Moeller, Michael L. (1978): Selbsthilfegruppen. Selbstbehandlung und Selbsterkenntnis in eigenverantwortlichen Kleingruppen. Reinbek (Rowohlt)
ders. (1979): Mütterwerkstatt. Einführung zum Buch Franck, Barbara (1979): Ich schau in den Spiegel und sehe meine Mutter. Hamburg (Hoffmann und Campe)
ders. (1981): Anders helfen. Selbsthilfegruppen und Fachleute arbeiten zusammen. Stuttgart (Klett-Cotta)
ders. (1982): Zu Theorie und Technik der Paargruppenanalyse. In: Familiendynamik 7, 151–158. Stuttgart (Klett-Cotta)
ders. (1982): Männermatriarchat. Nachwort zu Franck, Barbara (1982): Mütter und Söhne. Hamburg (Hoffmann und Campe)
ders. (1984): Kalter Frieden. Über unseren unbewußten Mißbrauch der Friedensbewegung. Vortragsmanuskript, Ringvorlesung «Friedensarbeit an der Universität Frankfurt»
Mumford, Lewis (1977): Mythos der Maschine. Frankfurt (Fischer) 1984
Newmann, Frank (1969): Barbara. Darmstadt (Olympia) 1969
Nietzsche, Friedrich (1889, 1955): Also sprach Zarathustra. Werke (Hg. Karl Schlechta). München (Hanser), Band 2, S. 275
O'Neill, George; O'Neill, Nena (1972): Die offene Ehe. Bern/München (Scherz) 1972
Ostermeyer, Helmut (Hg.) (1979): Ehe, Isolation zu zweit? Frankfurt (Fischer) 1979

Patzig, G. (1977): Über Normen und Wertvorstellungen für die Arbeit mit Gruppen. Gruppenpsychotherapie und Gruppendynamik 12, 3
Pietropinto, Anthony; Simenauer, Jacqueline (1978): Abschied vom Mythos Mann. Frankfurt (Fischer) 1978
Psychologie heute, Februar 1978
Radice, Marco Lombardo; Ravera, Lidia (1977): Schweine mit Flügeln. Reinbek (Rowohlt) 1977
Reiche, Reimut (1968): Sexualität und Klassenkampf. Frankfurt (Neue Kritik) 1968
Richter, Horst-Eberhard (1963; Taschenbuch 1968): Eltern, Kind und Neurose. Reinbek (Rowohlt)
ders. (1982): Alle redeten vom Frieden. Versuch einer paradoxen Intervention. Reinbek (Rowohlt)
Sandler, Joseph; Dare, Christopher; Holder, Alex (1973): Die Grundbegriffe der psychoanalytischen Therapie. Stuttgart (Klett)
Schafer, Roy (1982): Eine neue Sprache für die Psychoanalyse. Stuttgart (Klett-Cotta)
Schmidbauer, Wolfgang (1985): Die Angst vor Nähe. Reinbek (Rowohlt)
Schneider, Reinhold (1982); Camoes. In: Gesammelte Werke. Band 1: 11–166. Frankfurt (Insel)
Selbmann, Fritz (1971): Die Söhne der Wölfe. Halle (Mitteldeutscher Verlag) 1971
Senden, M. v. (1932): Raum- und Gestaltauffassung bei operierten Blindgeborenen vor und nach der Operation. Leipzig (Barth)
Sennett, Richard (1983): Die Tyrannei der Intimität. Verfall und Ende des öffentlichen Lebens. Frankfurt (Fischer) 1983
Sherfey, Mary Jane (1972): Die Potenz der Frau. Köln (Kiepenheuer & Witsch)
Sigusch, Volkmar (Hg.) (1975): Therapie sexueller Störungen. Stuttgart (Thieme) 1975
ders. (1979): Sexualität und Medizin. Köln (Kiepenheuer & Witsch) 1979
ders. (1984): Die Mystifikation des Sexuellen. Frankfurt/New York (campus) 1984
Stendhal, Henry Beyle (1982): Das Leben des Henry Brulard. Stendhal-Werke. Frankfurt/Berlin/Wien (Ullstein) 1982, S. 123–125
Taylor, Donald L. (1971): Die Ehe lernen. Freiburg (Lambertus) 1971
Taylor, Gordon Rattray (1970): Im Garten der Lüste. Frankfurt (Fischer) 1970
Theweleit, Klaus (1978): Männerphantasien I und II. Frankfurt (Roter Stern)
Thirleby, Ashley (1978, deutsch 1984): Das Tantra der Liebe. München (Scherz)
Time Magazine (1978): Cover story: Nightmare in Jonestown. December

4, 1978: S. 8
Tschuang Tse (1951) (übersetzt und ausgewählt von Buber, Martin): Reden und Gleichnisse. Zürich (Manesse)
Toman, Walter (1965): Familienkonstellationen. München (Beck) 1974. 2. überarb. Auflage
Torok, Maria (1964): Die Bedeutung des «Penisneides» bei der Frau. In: J. Chasseguet-Smirgel (Hg.) (1964): Psychoanalyse der weiblichen Sexualität. Frankfurt (Suhrkamp) 1976, S. 192ff
Uexküll, Jakob v.; Kriszat, Georg (1955): Streifzüge durch die Umwelten von Tieren und Menschen. Bedeutungslehre. Reinbek (Rowohlt rde 13)
Updike, John (1968): Ehepaare. Reinbek (Rowohlt) 1968
Vandenberg, Joris (1974): Mündliche Mitteilung
Virilio, Paul (1977): Geschwindigkeit und Politik. Berlin (Merve) 1980
Wallace, Irving; Wallace, Amy; Wallechinsky, David; Wallace, Sylvia (1981): The Intimate Sex Lives of Famous People. New York (Delacorte) 1981
Watts, Allan (1981): Der Lauf des Wassers. Frankfurt (Suhrkamp)
Wickler, Wolfgang; Seibt, Uta (1977): Das Prinzip Eigennutz. Hamburg (Hoffmann und Campe)
Willi, Jürg (1975): Die Zweierbeziehung. Reinbek (Rowohlt) 1975
ders. (1978): Therapie der Zweierbeziehung. Reinbek (Rowohlt) 1978
Verny, Thomas; Kelly, John (1981): Das Seelenleben des Ungeborenen. Frankfurt (Zweitausendeins)
Zander, Hans Conrad (1978): Krishnas närrische Mönche. Stern Nr. 52, 1978, S. 72

Quellennachweis

«Ich bin nicht du und weiß dich nicht»: Ein Teil dieser Briefe an Celia über die Zwiegespräche wurde abgedruckt in «sexualität konkret 84», Hamburg 1984.

«Wir wollen lieben, aber wir wissen nicht wie»: Einen stark verkürzten Text habe ich in Berlin im Rahmen einer Vorlesungsreihe an der Freien Universität im Wintersemester 1984/85 vorgetragen, die Christoph Wulf unter dem Titel «Lust und Liebe. Wandlungen der Sexualität» in der Serie Piper Nr. 383, München (Piper) 1985, herausgegeben hat.

Zwei Personen – eine Sekte: Dieser Aufsatz erschien zuerst in: «Kursbuch 55 – Sekten», Berlin (Kursbuch/Rotbuch Verlag) März 1979, Seite 1–37.